元禄の「グラミン銀行」

―加賀藩「連帯経済」の行方

勝山敏一

桂書房

忘れられた日本のモラル・エコノミーを掘り起こす貴重な試み

同志社大学経済学部教授　山森　亮

モラル・エコノミー（moral economy）とは、イギリスの歴史学者エドワード・パーマー・トムスン（E. P. Thompson, 1924-1993）が、提起した概念である。トムスンは大著『イングランド労働者階級の形成』（1963）のなかで、18世紀に頻発した貧しい民衆の「暴動」として記述されてきた集団行動を、「モラル・エコノミー」として捉え返す。具体的には、凶作や買い占めなどで穀物価格が高騰した際に、貧しい民衆たちは集団の力で、買い占め業者に高騰前の「公正な」価格で穀物を地域の人びとに売るように強いた、「食料暴動」とか「パン暴動」と呼ばれたものである。トムスンは「多くの場合に『暴徒』は、慣習的な行動パターンの範囲内にある自己規律を示した」として、以下のような当時の記録を引用する。

> 彼ら［暴徒］が問題にしていたのは、市場の買い占め屋だけだった。買い占め屋たちはいたるところの穀物を買い占めて、貧民を飢えさせ、波止場に停泊中のオランダ船に荷を積み込んでいる。しかし、暴徒はそれを全部ひっぱり出し、市場に運び入れて、

通常の価格でその所有者の代わりに売りさばいた。そして彼らは、考えられるかぎり最大の静穏さと落ち着きをもって、また誰かを殴ったり誰かにけがを負わせることなく、これをおこなった。（トムスン，1963[2003]，『イングランド労働者階級の形成』，青弓社，邦訳p.77）

トムスンは、このような食料などの必需品についての「公正価格」という観念と、それに基づいた集団行動とあわせて、「モラル・エコノミー」と呼んだわけだが、彼はまた、この「モラル・エコノミー」を民衆の間の慣習知として、当時勃興しつつあったアダム・スミスに代表される新しい専門知である「ポリティカル・エコノミー」に対置した。

前世紀末から今世紀にかけて、ネオリベラリズムの隆盛とそれに伴う、経済危機や貧富の差の拡大といった事態の中で、それへの民衆の側からの対抗的な経済実践が、「連帯経済」として注目されるようになった。連帯、互酬性、協働などの原理に基づいたもので、具体的には、地域通貨、マイクロクレジット、フェアトレード、消費者協働組合や労働者協同組合など、個々の実践については長い歴史を持つものも含まれる。連帯経済という場合には、民衆の側からの対抗的な実践であることに強調点が置かれることが多いが、法制度や行政の補助金などによる支援によって制度化されたものも含めて、「社会的連帯経済」ということもある。これら「連帯経済」や「社会的連帯経済」が脚光を浴びる中で、トムスンの「モラル・

エコノミー」もこれらの先駆として再び注目されている。

本書が対象としている、日本の18世紀の歴史について、私はまったくの門外漢であり、勝山さんが提示する史実やその解釈の当否を判断できる能力はない。その上で、本書が提示する内容は大変興味深く、一気に読んだ。私の三つの問題関心に引き付けて、なぜ私が興味深いと思ったかを、記していきたい。

一つ。私自身は、トムスンがモラル・エコノミーの対置した18世紀に勃興したアダム・スミスらによる「ポリティカル・エコノミー」の思想史に取り組んでいる。その立ち位置からすると、同時代の日本における「ポリティカル・エコノミー」と「モラル・エコノミー」の絡み合いは如何様であったのか、とても興味深い。テツオ・ナジタの『相互扶助の経済』(2015, みすず書房)は、商人の思想や講の実戦の記録を通じて、思想史と民衆史を行き来する名著だが、勝山さんの前著『女一揆の誕生：置き米と港町』や本書も、民衆史の側から「モラル・エコノミー」の忘れられた実践を掘り起こす貴重な試みだと思う。

二つ。上記の私の研究とは別に、1970年代のイギリスの労働者階級の女性解放運動のオーラルヒストリー調査に取り組んできた。限られた資料の中で、暫定的に出した仮説が、その後の新しい資料の発見などで、覆ることはしばしば経験することである。勝山さんは前著『女一揆』刊行後に新しく発見した資料などで、前著での記述を修正することとなったことを、本書で丁寧に記している。このような誠実な態度に、研究対象こそ違いはあるものの、歴史に携わる後輩として、感銘を受けた。

三つ。私事で恐縮だが、私の曽祖父の一人は、富山県の水呑百姓の三男坊で、生活が立ち行かなくなり、金沢に夜逃げしたと聞いている。勝山さんの前著や本書で活写されるそれぞれの時代の困窮時に、私の祖先が富山のどこかで辛酸を舐めていたのだろう。あるいは勝山さんの著書に出てくる人びとのように、社会的連帯経済の実践にも関わったのだろうか。本書を読んで、遠い祖先を少し身近に感じることができた。

本書が広く読まれ、日本のモラル・エコノミーや社会的連帯経済の歴史や実践について、研究や議論が深まることを期待している。

初めに

十三年前の拙著『女一揆の誕生―置き米と港町』の「あとがき」で次のように記した。

「…雑誌で〈国際連帯税〉のことを知った。フランスのシラク大統領が二〇〇五年に提案されたもので、航空機の乗客に五ユーロほどを課税してエイズなどとの闘いの資金として使おうという内容。記事を読んですぐ、船の港が航空機の港に代わっているだけで、その骨格が置き米仕法とそっくりであることに気づいた。現代的な難問に対する現代的（と思われる）対策法が、なぜ二百年も前の日本の小さな港町に実現しているのか――軽い眩暈を覚えた。」

なぜ二百年を隔てて相似形の仕法が存在するのか。この問いを追いかけるうち、さらに現代的と思われる近世中期の仕法にめぐりあった。一つは加賀藩が元禄十一年（一六九八）に仕法書を発布した「宿続《しゅくつづ》き銀《ぎん》」とよばれる方法で、広域の村や町の肝煎たちが主体となって運営する貧民向けの無担保融資。もう一つは、宝永七年（一七一〇）藩が公認した民間の「除《よ》け銭」という方法。これらと先の置き米仕法を含めた三仕法は、昭和期まで二百年前後も持続された。そのことを本書は紹介する。

古きもののモダニズムというべき歴史的事実に出会ったのであろう。好運にも出会ってそれを感受した人ならきっと現代の事実になぞらえてみるだろう。筆者も先の「宿続き銀」仕法は、二十一世紀になってバングラデシュで創始されたグラミン銀行と思われたし、「除け銭」仕法は生活協同組合の発生と見た。

古きもののモダニズムという言い方は、モリス・バーマンの『神経症的な美しさ』[※1]（込山宏太訳）に出ていた。帯に「脱領域的思想家バーマンによる〈日本的なるもの〉の可能性を問う」とあり、「日本はポスト資本主義のモデルになりうるか？」という惹句。もはや成長を望めなくなり、長期持続と思われる低成長に人々は耐えられるだろうかという課題を据えた本である。バーマン氏は日本の江戸期に目を付け、二百年余に及ぶその低成長時代を世界最高水準の文化を保ちながら維持した日本こそ、その経験を活かして未来を切り拓くだろうと予測している。

バーマン氏の予測について期待するのはもちろんだが、この本は何より、感受したモダニズムにどんな意味があるのか、いくらかでも探ってみるべきと筆者に教えてくれた。それで一年近くあちこちさ迷って、三仕法がいずれも「連帯」によって成り立つこと、人間が抱く連帯感情はどんな時代も共通するだろうと思われることなどを軸に、ようやく「連帯経済」というテーマにたどり着いた。三仕法が放つモダニズムは、現代の混迷を切り拓くべく期待される「連帯経済」という経済実践の早過ぎた先例ではないか、そんな気持ちに至らしめたのである。

「連帯経済」とは何か。現代経済思想の一つとして、各国で取り入れられ始めた経済法で、研究者・山森亮氏によれば「連帯、互酬性、協同などの原理にもとづいたオルタナティブな経済的実践であり、具体的な実践形態としては地域通貨、マイクロクレジット、フェアトレード、消費者協同組合などがある」[※2]といい、イングランドで十八世紀に遡り得る記録[※3]があるというから、モラル・エコノミーと同様、東西並行発生的な経済実践のようである。

成長をひたすら希求する資本主義の功罪が誰の眼にも大きく映るようになった現代において、ラテンアメリカやフランス・スペインなどで実践され成果を挙げつつある「連帯経済」という新思想。一方は、三百年前に越中新川郡という地域の民衆が、縦と横の連帯をもって生み出した三仕法。二者にいかなる連関があるのか。現代の私たちに何を教えてくれるか。ウクライナ戦争により分断されそうな世界にあって、地球規模の連帯という希望はいったん棚上げにせざるを得ないが、「国際連帯税」や「ベーシックインカム」[※4]構想に向かう歴史的な鉱脈の小さくない露頭として、報告させていただく。

なお、拙著『女一揆の誕生』では、置き米仕法の創始は「天明三年（一七八三）の越後寺泊町」と記したが、本書は、その創始について、それを六十六年遡った「享保二年（一七一七）」、舞台は加賀藩領の越中「滑川町」であったと変更の報告をさせていただく。ただし、創始と思われる置き米仕法の史料はただ一点しかなく、どんな経緯で創始されたのかは、まわりの状況証拠を積み上げるしかない。読者諸兄には、隔靴掻痒に堪えてもらうことをお願いするものである。

※1　モリス・バーマン『神経症的な美しさ―アウトサイダーがみた日本』込山宏太訳・慶応義塾大学出版会・二〇二二年

※2　『世界』二〇二〇年九月号・90頁、山森亮「連帯経済としてのベーシックインカム」より

※3　山森亮『ベーシックインカム入門』光文社新書・二〇〇九年の151頁に「…フランス革命やアメリカ独立戦争にも参加したイングランドの思想家トマス・ペインは一七九六年の『土地配分の正義』というパンフレットのなかで「人間は21歳になったら15ポンドを、成人として生きていく元手として国から給付されるべき」、「50歳になったら今度は年金を年10ポンド出す。…」と提唱、文明化以前はあらゆる土地は人類の共有財産だったが、私有が始まり、土地へアクセスできない人間が出てくる、これは不正義なことなので土地を持つ人間に地代として税をかけ、それを皆の食える分の糧にあてようというのが、この給付の根拠だという。

※4　すべての人に、個人単位で、資力調査や労働要件を課さずに無条件で給付されるお金のこと（山森亮「連帯経済としてのベーシックインカム」＝『世界』二〇二〇年九月号・90頁）

目　次

二章　置き米仕法の創始

三章　明治維新後の仕法の行方

一章　「宿続き銀」と「除け銭」仕法

保科斉彦作成の図（『加賀藩の十村と十村分役—越中を中心として』
2021年、桂書房より）

米留め騒動と米価公定

連帯経済というべき仕法は元禄期の加賀藩に生まれている。時代の様子を一番物語る騒動や災害から見ていこう。

元禄三（一六九〇）年、越中で最初の米騒動が起きた。富山城下町のその騒ぎを伝える記録は「(富山) 前田文書」のみで、ほんの少ししかない。

「九月四日　町奉行柴垣彌兵衛、上同浅野権左衛門、閉門仰せつけられ候。今晩、町年寄・茶木屋三五郎、同車屋市郎右衛門、同村田屋治左衛門、同播磨屋小右衛門、右の者ども三カ国追放仰せつけられ候。右は去る頃、米留の事について大勢町会所または奉行中宅へあい詰め、騒動つかまつるについてなり。
同二十二日　今日、向河原町武兵衛、中島町八兵衛、右両人、大泉人焼き場において傑《はりつけ》に仰せつけられ候。右は去る頃、悪説申しふらし、町人大勢あい催し騒動にあいなり候につき、右の通りなり。」

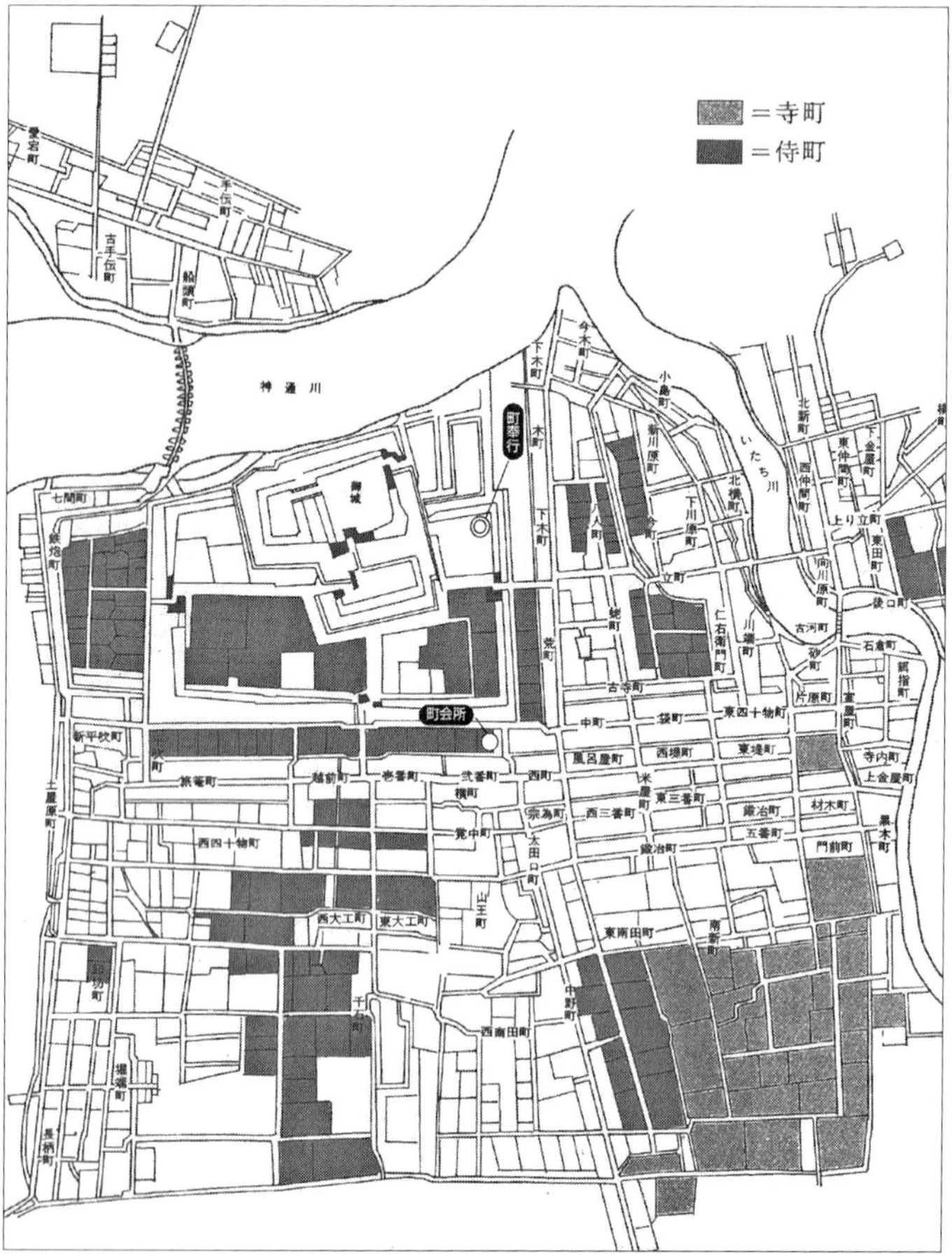

富山城の城下絵図（宝永２年＝1705年）
（町奉行所は推定地である）

「米留めの事について」と記される言葉からの解釈であるが、城下町から米が移出されるのを留めようとした騒動と考えられる。騒ぎの時、富山城下町は米価高騰に襲われていたはずで、原因は本藩金沢町へ大規模な米移出が開始されたためと推測可能である。三月に金沢城下町で大火事があった。十六日夜、丑の刻（二時）犀《さい》川片町より出火、九百軒を焼失して卯の刻（六時）に鎮火。その二時間後、辰の刻（朝の八時）左近橋の医師宅から出火、六千六百軒余を焼失して翌十八日の朝、鎮火。さらに二十四日朝、吹屋町から出火、二百五十軒余を焼失して鎮火。そしてさらに四月六日、加賀藩領の滑川町で大火、四百軒が焼失した。滑川町には藩主用の米を収納する「台所蔵」[*1]と称する蔵が設けられていた。それは無事だったようだが、町人たちに解放されたかどうか…。

　富山藩の外港は神通川河口の四方《よかた》港で、城下町の蔵米移出は木町の川浜から神通川を川下げされる。騒動の頭取と目された二人の住む「向河原町」「中島町」はその木町付近にそそぐ鼬《いたち》川の両岸に位置する町である。「大勢」の町衆はいざとなれば川湊の移出船を襲うつもりであったろう。二人のいいふらした「悪説」は金沢の町衆が飢える前に富山の我らが干上がってしまうというものか、米価高騰を止めるには船を押さえるしかないといった類であろうし、町年寄四人が町奉行に訴えたのは米移出の抑制であったと思われる。

　先の前田文書にいう騒ぎの起きた「去る頃」とは何時か。三ヶ国（加賀・越中・能登）追放となった町年寄・茶木屋三五郎[*2]が、五月六日にある寺前に建設された門を、柴垣奉行らと検分に出ている記録[*3]があるので、それ以降、八月までの間である。

大火から十日、金沢城で三月二十九日「老中僉議《せんぎ》これあり、米などの値を定めらる、銭三十一文をもって米一升に代える」という達し[*4]が出る。これを銭四千文で銀六十匁という銀相場に直すと、一石銀四十六匁に相当する。当年九月の能登で「一石四十・七匁」という記録[*5]がある。公定された「四十六匁」はおそらく現場の米価よりは安値であったろう。困窮する士分の者や町衆に対して何らかの対策を講じなければ、不穏の気は爆発するかもしれない、御蔵米をいくらか解放し、廉価な公定販売をもって一時をしのぐというわけである。

人々のねがいを忖度し、非常時の米価をできるだけ廉価に公定する加賀藩の対応は、命を支える米の値は多くの者に買える値でなければ、という認識を城下町のあらゆる人々と藩は共有していたことを示す。ここでは藩が米価を公定しているが、フランスでは同じ十七世紀末、民衆による穀物の価格設定が食糧騒擾の中で初めて出現しているという。松浦義弘氏は論考[*6]の中で「市場や輸送途上で穀物を奪取して《正当な価格》と考えられる価格で売却し、場合によってはその代金を穀物の所有者に支払うという食糧騒擾の形態」があったとしている。穀物価格をいつも注視しているポリス（警察）は、穀物の「所有者に自分の財産を無条件に処分する自由をみとめることはできなかった。そのような自由は、社会が必要とするものをみたす保証を社会から奪うからであった」と、民衆の価格設定を容認するポリスの感情について松浦氏は解説している。

　大火から二十日、金沢の四月七日、十分で飯米に閊《つか》えているもの、軽き者どもで飯米のないものには、お貸し米をするという処置[*7]も出る。火災に際しかろうじて持ち出した家の米びつも底をつきはじめている様子に見える。御蔵が焼けた記録は見当たらないが、当年の戸数調査[*8]で一万三千六百十軒と数えられた金沢市中、六割弱の七千七百軒の家々の保管米が全部と言わずとも焼けたのである。一軒に三人・各五合と計算して、一日に二百石の消費がある金沢城下町。他から米輸入を至急にせねばならなかったはずで、金沢への集米指令は全藩内に発せられ、米商人も米集めに必死と取り組んだであろう。加賀藩の支藩・富山藩十万石が支援に動き、富山城下町の米商人がそれに呼応したことは疑いない。

　金沢大火と結びつけて考えると、富山城下町での騒ぎは、町年寄・茶木屋三五郎の記録がなくなる六月か七月に始まったのであろう。日雇い人たちが米びつを空にし始める時期である。金沢城下町へ救い米を出さねばという富山藩の動きが、よほど大規模か拙速であったかして、米価の高騰を招き、日雇い人たちの悲鳴となったと考えられる。米価高騰の記録は見当たらないが、十二月になって富山藩が「格別をもって難渋人へお救いのため御蔵米のうち二千石、永年年賦お貸付けのこと」という達し[*9]を出していて、当年が飢饉を招くほど不作でなかったことを踏まえると、「難渋人」がいる原因は米価高騰をおいて考えられない。騒ぎや藩の対処によって極端な米価高は下がっただろうが、ある程度の米価高がずっと年末まで続いた、米移出のペースは落ちても、金沢城下への移出は続いたと考えられる。町年寄と首謀者の処罰だけでなく、町奉行二人も閉門という仕置を考えれば、米移出のペースは抑制されたはずである。

米移出停止を訴える騒動は、青木虹二編『編年百姓一揆史料集成』[*10]の中では、この富山城下町における米留め騒動が日本最初である。同史料集成を見る限り、買い米暮らしの「町人」が引き起こす「米騒動」の最初は、寛永十二（一六三五）年の下野・宇都宮町における騒動で、「米価引き下げ、米の自由販売を要求」するものであった。二番目は寛永十九（一六四二）年摂津大坂町の「貧民米価騰貴につき奉行所へ押し掛け、救助を嘆願」するもの。そして元禄三年のこの米留め騒動が三番目で、いずれも打ちこわしなどはない騒動である。

買い米暮らしは町人だけでなく、稲作のできない山村の百姓たち、稲作より綿作など商品作物に適応した都市周辺の百姓たちにもいて、これらの人々の起こす米騒動の方が数は多い。江戸と大阪を除く小都市周辺においては、買い米百姓たちは買い占めをしたとにらんだ「穀屋」を襲い、打ち壊すという実力行使に及ぶことが多いが、町人が自らの町で起こす米騒動は、穀屋や武士支配者に対し、米価引き下げや米留めを訴える示威騒ぎにとどまることが多い。

フランスでは「地元で生産された穀物が搬出されるのを阻止する騒擾は十七世紀初頭に発

生している」[*11]というから、十七世紀末に米留め騒動が発現した日本は、モラル・エコノミーという歴史的な感情の形成が遅れたように見えるが、そうではない。米騒動が起こった寛永期には、米という商品は特別であるとする感情はすでに発現している、そう言わなければならない。

加賀藩が「他国米は申すに及ばず、商売米、他国より入れ申す義、一切停止」という津留の達し[*12]を出したのは寛永十五（一六三八）年。移出ではなく移入の禁止という津留《つどめ》であるが、安値米の移入で藩内米価が安くならないようにするためで、お上が米価を少し高めにしたいことは武士層の家計を支えようとするものとして、港町の人々には理解できたであろう。また、大量の米が一度に外へ出て行けば町内の米価の上がることは我が身に及ぶ経験であった。米だけではない。塩も移入禁止。タバコ・大豆・馬・油などは移出の禁止。さまざまな津留を港町の人々は日常的に見ていて、それぞれの津留がどのように物価や流通に反映していくか、理解を積み重ねていると思われる。加賀藩において町民たちが、米価高騰に対して米移出を止める津留を要求するのは経験則によっていると言っていい。

加賀藩は金沢大火と富山町米留め騒動から六年後、再び米価を公定して販売しなければならない事態を迎える。元禄九（一六九六）年二月十八日、「去年が凶作で領内の米が不足、だんだん高値になり末々が難儀に逢っているので、藩外に米を出す時は算用場まで断るように、こちらから指図する」という達し。[*13] 藩の外へ出る米の津留めであるが、藩内全ての津留の令も六月になって出る。藩内米在庫が不足する事態となることが明確になったのであろう。加賀藩は商売人の中に「米の〆売り」（売り出しの制限）者がいると決めつけている。

津留から三か月を経た五月、「下新川郡、別して難儀つかまつり、道筋へ罷り出、往来人へ物乞い、目立ち申す由」「百姓家に立ち入り候て様子見届け申し候ところ、食べ物もいよいよござなく体にて野へもまかり出ず、家の内に伏せ居り申す者も処々にあい見え」「新川郡金沢領で、困窮のため翌月にかけ千四百人逃亡す」という事態。[*14] 津留により仕事が減った港町の荷運び人たちが含まれよう。六月十五日、藩は米価を公定して売らせる措置[*15]に踏み切る。金沢に三カ所、鶴来《つるき》に一ヶ所、小松に一ヶ所。一ヶ所に米五石ずつ、一人に三升宛て売る。同月廿八日からは一ヶ所に十石ずつ、宮腰に一ヶ所、金沢は四カ所。七月十一日からは津幡でも一ヶ所の小売り米場を立てるから、藩の決めた米価で売るように。各所の近くに住む山廻り役や肝煎の者で都合のつく者に販売の世話を申し付けるという。

先に見たように金沢市中だけで一日に二百石が消費されることを思うと、一ヶ所に五石ずつ、あるいは十石ずつ、併せて二十五石、五十石というのはいかにも少ないが、一時しのぎとして見せねばならない措置であったと思われる。

七月十日、その公定米価が決まる。[*16] 能美郡で米一石・五十八匁一分、石川郡・加賀郡・金沢で五十七匁四分、越中高岡で五十一匁九分。[*17] これは諸所去月のヘギ米（精米）相場の平均値という。六年前の公定価格が「四十六匁」であったことを考えても、すでに高騰している六月の米相場をもってするというのは、たいへん苦し気な公定であるが、何も手を打たないよりはましであろう。町の人々が願う安値からほど遠いと思われる。

昨元禄八年の凶作により藩内現有米があまりに少なかったようである。用意された御蔵米もすぐ底をついたのか、金沢城下で餓死者が出始める。もはや米価を安値公定するなどという事態ではない。越中から毎日、米五〜六十石を倶利伽羅峠越えにて金沢へ運んでくるが、上層武家は家来を途中の森本や津幡へ出して、運び来る米を理不尽に押し取る騒ぎ[*18]で、飢えた人々の行動は予想を超えていく。

七月廿二日、「当地町中、米払底」領内の米商人は隠匿せず、金沢に米を輸送するようにという達し[*19]。古米が全くなくなったのだ。七月廿八日、士分の者は、一日一食は粥《かゆ》にするように[*20]。以下、秋出来の豊作予想が出るまで、加賀藩内はパニック状態になったと思われる。金沢町中が「麦」を喰うこと廿日ばかり、ようやく新米が出まわって助かった人が大勢いるという。元禄の大飢饉であった。藩は最初の見通しを甘く間違えたため、次々と対応を失していったように見える。算用場奉行二人が閉門になっている。

元禄三年と九年、加賀藩が米価を公定して御蔵米を販売するという事実を見た。為政者から民衆への連帯の呼びかけと理解していい。モラル・エコノミーの価値観は民衆と支配層に共有されるものであった。しかしながら、支配者は民衆に対し恐怖の見せしめも行なう。元禄三年の米留め騒動では、首謀者とみなされた富山城下町の町人二人が磔刑という悲惨な刑罰であった。徒党・強訴を禁じた支配者の武威を見せつける統治。江戸期は武威による民衆の規律化が基本にあった——このことを忘れてはならない。この後、加賀藩は米価公定という呼びかけを享保十七（一七三二）年の大飢饉の際、天保四（一八三三）年の飢饉の際にもなすが、それ以外、見せることはない。支配者は米価のコントロールを諦めているのか。モラル・エコノミーと表現されるこの価値観は、どのように変容していくのか。現代の筆者の中にいまだにあると見受けられる価値観であり、変わることなく、潜在し続ける価値観なのであろうか。当時の実態を、もう少し具体的に検証しておきたい。

そして、元禄九年の飢饉騒ぎの中、新川郡で千四百人もの逃散があったことを先述した。武威だけで民衆を規律化できないと見た藩権力が意外な手を打ってくる。その意外な仕法は置き米仕法と縄を綯《な》うように二百年を生きる。元禄九年の人々の逃散はその仕法の産みの親である。項を改めてこれらのことを説明するが、その前にモラル・エコノミーの日本でのありようについて少し詳しく紹介しておこう。

＊1　台所蔵　寛文十（一六七〇）年、藩蔵を滑川に創建、各郷より納める米高は毎年十二万石とすると『加賀藩史料』にある。

＊2　茶木屋三五郎は薬種商・米商人であったが、この追放令で薬種店は別家中田宗右衛門に任せ、京都に逃れた。三

男の清兵衛を出生。元禄十一年に帰国を許され、家業を再興している。
＊3　「赤江川橋爪・愛宕新町端等に門柵設置につき覚書」『富山県史』史料編近世（下）八〇六頁
＊4　「以銭三十一文　代米一升」（「葛巻昌興日記」より、『加賀藩史料』）
＊5　高瀬保「加賀藩の米価表」より（『加賀藩流通史の研究』巻末付録・桂書房・一九九〇年刊）
＊6　松浦義弘「食糧と政治―食糧騒擾の時代における「自由主義」―」（『思想』二〇一一年三月）
＊7　『加賀藩史料』第五編四九頁
＊8　『加賀藩史料』第五編一〇一頁
＊9　「元禄三年十二月、格別を以難渋人江御救之為メ御蔵米之内二千石永年賦御貸付之事」（『富山県史』史料編近世（下）一二八二頁）
＊10　青木虹二編『編年百姓一揆史料集成』元禄二年～享保八年、第二巻、三一書房・一九七九年
＊11　松浦義弘「食糧と政治―食糧騒擾の時代における「自由主義」―」（『思想』二〇一一年三月）
＊12　津留―高瀬保『加賀藩の海運史』成山堂書店・一九九七年、四八頁
＊13　『加賀藩史料』第五編三四二頁
＊14　「御近習向留帳抜粋」に「五月九日書付に新川郡困窮仕候由、改作奉行、御郡廻仕、罷帰り御貸米仕候義、下新川郡別而難儀仕、道筋へ罷出、往来人へ物乞、目立申由、承申候。五月十六日書付に、新川郡致困窮、四五百人缺落人有之由承、言上仕候。六月二十二日書付に、新川郡缺落仕候者、惣人数千四五百人に而も可有御座、御算用場にて承言上仕候」。また「松雲公御夜話」に「その年九月初めて御帰国の節、越中境より段々御吟味被遊、御救い併所により衣類迄も被下候御様子に御座候」とある。『下新川郡史稿（上）』六二五頁・明治四十二年刊。
＊15　米小売所―『加賀藩史料』第五編三四六頁
＊16　米小売の公定相場―『加賀藩史料』第五編三五〇頁
＊17　「五十嵐氏旧記」より（『高岡史料』七六四頁）
＊18　押買い騒ぎ―『加賀藩史料』第五編三五四頁。「政隣記」に「六月金沢ご城下餓死に及び、よりて金沢町奉行よ

り これを訴う。越中筋より毎日、米五、六十石あて、金沢問屋につけ越すといえども、諸士より家来を出し置き、森下あるいは津幡などにて理不尽に買い取るにより…」とある。

*19 金沢米払底―『加賀藩史料』第五編三五二頁

*20 粥―『加賀藩史料』第五編三五六頁

モラル・エコノミーとは

米は特別――日本におけるこの感情は飢饉と戦争に特徴づけられる中世以来のものといっていい。秋の収穫により年内は食糧を保有し得ても、正月から麦作の出る五月までの間には必ず欠乏してくる、そんな中世的生存規定の試練を毎年うける人々に対し、支配者は「春の勧農」と称して種米貸付けを統治の手段としてきた。

不作の年は投機や買い占めが起きるけれど、通常の値で米が買えるようにそれらに反対し土一揆などで抵抗するのは、支配者がその正当性を認めていた。

人々の毎日は、中世の一日二食から江戸期の一日三食にすすむ。十七世紀末にはほとんどが三食となったという。[*1] 町人にとって米は主食であった。米食をぜいたくとする支配者（加賀藩もそう）が現れ、百姓に米食を禁じる地域さえ出現するが、核家族による集約農業を続けるには、エネルギー転換の効率が良い米食を基本にしていくしかなかったであろう。だいぶ後年の十九世紀、安政三（一八五六）年の史料であるが、越中砺波郡苗加村の斎藤家では四月の田植え日、「昼飯白飯、十四人につき飯八升五合」というメモ書きが残っている。一人六合（小昼とよばれた間食も含むか）にもなる米食である。[*2]

命を担保に取る支配は江戸期も基本的に続いたが、支配者が「米は特別」と認めるかぎり、人々はそれを甘受した。民衆が価格設定をするというフランスと、藩が米価を安く公定するというのとは、認識主体が逆さまなようであるが、同じモラル・エコノミーと言っていい。フランスでもルイ一四世国王は一六六〇～二年の飢饉の際、高騰したパリの小麦価格を安値に公定して販売、市場がそれに追従し低下したのを見て、王自身の小麦を宮廷で焼かせてパンにすることを許可している。王のもっとも崇高な権利―義務は、臣民に毎日のパンを供給することにある、と民衆は叫んだという。[*3]

日本の民衆が「殿様の仕事は毎日の米を我らに用意することだ」などと叫んだ記録はないが、殿様のいる城に向かい、それと直示して「ひだるい、ひだるい」と山上から叫んだのが加賀藩の民衆であった（安政五年＝一八五八年の金沢一揆）。百万石の加賀藩主は、城内でジッと民衆の叫びに耳を傾けるばかりであったと伝わる。富山藩でも寛政九（一七九七）年野積谷の百姓たちが一揆して八尾町の米屋を打ち壊し、駆け付けた武士に向かって「ひだるい、ひだるい」と叫んでいる。[*4]モラル・エコノミーの価値観には、このような権力者規制の観念も含まれたと言っていい。

前著で紹介したが、飢饉の天保七（一八三六）年越後寺泊港に穀留の令[*5]を出した白河藩は、その中で「（米は）領内で融通し合うように。みな存じのとおり、《御手》は届かせられない」と率直に告げ、小前たちに「自分の家内は自分に扶助し、いかようにもして取りしのぐ」よう申し聞かせる。事態のどこかの時点で日本の支配者たちは民衆の自己責任に切り替えるのが常であった。寺泊の町役たちは止むを得ず、穀留を中止し、米移出を開始して置き米仕法の発動に踏み切り、それをもって町衆の命米としていくが、事情を知らない柏崎の国学者「生《いく》田万《たよろず》」は「悪商人どもは穀物を積出しそうらえども、これもご禁制なされず」と落とし文に記し、同志六人で白河藩の柏崎陣屋に切り込むという事件を起こす。生田氏にとって、米の安値保持は支配者の義務であるように思われるものと分かる。民衆が支配者に絶対的に服従する限り、支配者は民衆の生活を保護しなければならない、という互酬の規範を生きる一人である。

イギリスの諸論考を総括して池田寛二氏は、モラル・エコノミーには互酬の規範を含めて四つの規範があると述べている[*6]。まず「地域社会中心主義」。「民衆は社会生活のあらゆる局面において地域社会の利益が最優先されるべきだとする正当性観念をもっていた」。人々が商人や製粉業者を、個人の利益ではなく公正な取引のために奉仕する「コミュニティの下僕」と見なしていたのはその現われという。

日本では、先に見た元禄三年の富山城下の米留め騒動に端的なように、大切なる本家の金沢町であるが、先に我ら富山町が干上がるではないかという声が正当性を持っていたと考えられる。民衆にとっては何より地域社会を優先しなければ生存が危ういのであった。江戸の将軍や幕政のことを「公儀」と呼んでいる武士層に、商人や搗き屋は公儀や藩の施政を支える「下僕」であるという感覚はあったように見えるが、必要な物資の流通やサービスの全てを委ねているうち、彼らの力は下僕以上のものと認めていかざるを得なかったという経緯であろう。先に「津留」は藩内の米価格を安くしないために行なわれたなどと述べたが、より大きな理由は、藩内の富の循環を維持するためである。寛文三（一六六三）年、富山藩主前田正甫は八尾町に掲げた高札の最初に次の条を記した。[*7]

一　大商売、一円停止たり。もし犯すものあらば罪すべし

「大商売」とは藩境を超える交易商いと想像される。八尾商人たちはこの時、関東にまで行商圏を広げていたが、それを禁ずるというのではなく、領内経済の充実を図りたいというのであろう。国産より下値の商品は受け入れるしかないが、藩は交易には慎重であった。地域の百姓や町人が価格競争に引きずられないためであり、「競争」が激しくなるのは統治の上でも要注意なのであった。正甫は元禄十一年、富山城下町の商人が在郷町八尾の商人に比べて勢

いがないのを見て、八尾町と富山城下町の間の村々に東西の線引きをして、八尾商人が越線して行商するのを禁止している[*8]。城下町を盛り上げようとする贔屓政策で、都市間競争をなくそうとするものとはもちろん言えないが、「棲み分け」をまず図るべきという考えのあることは確かである。徳川幕府という大勢力の下で小勢力の各藩が棲み分けている現状を反映す

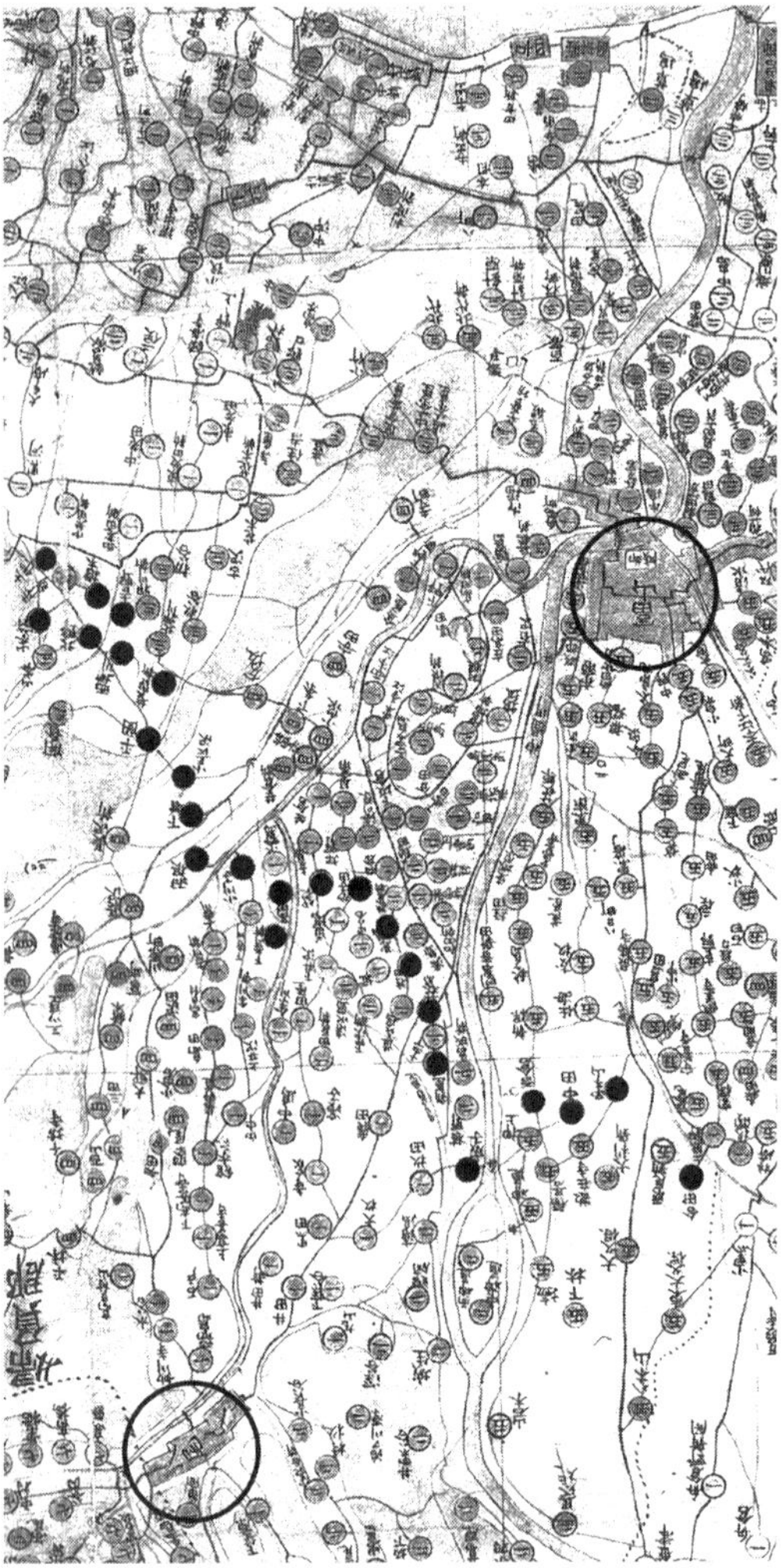

黒塗りつぶしが境とされた村＝越中四郡村々組分絵図
（文政八年・石黒信由製図・高樹会蔵）より

る意識かもしれない。

三か国を支配する加賀藩は領域が大き過ぎ、その政策が郡単位に行なわれることが多い。人々が日々を生きる領域はさらに小さく、百姓や職人や町人や商人のそれぞれ顔が分かる範囲。彼らの領域内で富の循環があると、一升二升の少量買いに応じてくれる米屋が生まれてくる。そんな米屋は打ち壊しの対象から外される。交易商人の致富が百姓はもちろん武家層からも嫌われたのは、彼らが遠隔地と交易して地元の循環をかき乱し、地元と価値観を異にしていくのが大きいようである。

地域社会中心主義の次が互酬の規範で、三番目が共有財の利用規範。共有地において家畜に牧草を食べさせたり、落穂ひろいが許されたりすることだ。日本なら入会山から農業肥料として葉付きの木の枝を切り出したり、個人山であっても枯れ枝・落ち枝は誰にでも持ち出しが許されたり、海岸や川岸に流れ着く木材などの漂着物の自由利用などもそうだ。山や海には地先の百姓なら誰でも利用できる入会地が設けられていた。

四番目は文化的な規範。みんなで異議を申し立てるために立ち上がる時、鉢巻や旗、鬨の声、投石など、伝統や慣習の影響のある作法がとられることだ。

池田氏はモラル・エコノミーとは何か、と問い、次のように述べている。[*9]

「ひとことで言えば、それは生存のための経済（subsistence economy）である。トムスンがこの概念を用いて説明した十八世紀イギリスの民衆運動（特に食糧暴動）も、スコットがアプローチした一九三〇年の東南アジア植民地（下ビルマとベトナム）における農民反乱も、生産とそれにもとづく利益追求ではなく生存維持が中心的な争点となっていたと解釈されている点では一致している。」

十八世紀日本においても、米騒動は生存維持のためであって、利益追求のためではなかった―それは確かであろう。

モラル・エコノミーはしかし、非常時に民衆の訴えとして現れるだけではない。江戸期においては、日常の買い物一つにも現れていた価値観である。研究者の岩田浩太郎氏は論考[*10]の中で、「都市下層民の売買慣行の把握がおこなわれる必要がある」として、式亭三馬[*11]「浮世風呂」の中の野菜商人と客との次のやり取りを引いて注意を促している。

商人「能加減《よい》に値を付けて買いなせぇ」
買い手「お値段はチト値切らにゃならんぞい」
商人「そりゃア、値切りなせぇな。売り物買い物だァ」

買い手に値段決定を促す論理、買い手が値切ることは当然であるとする論理の存在が指摘できる――という。岩田氏はさらに寺門静軒[*12]「江戸繁盛記」から次の部分を引いている。

「カカア（の）手合い、児を負い、穉《おさなご》を抱き、喧嘩、井辺に林立す。たまたま見る、魚商の魚を担い叫び過ぎるを。カカア等、呼び住して値を叩く。商すなわち担を卸し、尾を倒にして言う。このフルセ（時季外れのカツオ）一貫銭のほか一文減じ難し。一カカア言う。お救い米を喰う身分、一貫は牙に上せ難し。もしお鉢改め人の至るに、何をもってかこれに応ぜん。八百ならばすなわち喰わん。推論数番、価定まって血を割き、膾と作し、炙と作す。…」

一人の女房が自分は「お救い米を喰う身分」、凶作や大火後に貧窮者には藩から一時金が出るが、その支給対象者リストにいつも載る家だといい、「お鉢改め人（貧民リストをつくる町役などの人を指すか）が来たら、一貫銭もする魚を買ったことについてどう言い訳すればいい」と、たたみかける。買い手の人格的な事情が魚の値段決定を規定つける、そんな論理のあることを示すと岩田氏はいう。

お救い米を喰う身分という物言いは、明治になっても、富山県内で見られた。明治二十三（一八九〇）年の米騒動で、魚津の郡役所が粥の炊き出しを行なっていると、一人の婦人が「妾の家は旧藩時代より粥をもらう門閥家なれば、何とぞ今回の救助中にさし加えられたし」と申し立てた。見れば婦人は貧民とも見受けられず銀のかんざしさえしている。貧民救助の趣旨を説諭して帰ってもらったという「北陸公論」の記事[*13]がある。「奇妙な門閥家もあればあるものかな」とコメントが付され、記者の方では初めて聞いたような趣である。

モラル・エコノミーを顕わす先鋭的なこの物言いは、明治の記者にまったく感慨を催さないことを示すが、筆者の少年期である一九五〇年代、自転車に乗って村へやってくる魚屋は、母と値を掛け合うのが毎回であったから、物の値が相対であることは理解できるものである。

江戸期、先の振売りの魚屋のように裏町の下層民相手であれば「個々の売買における最終的値段決定は売り手と買い手の交渉に関わってくる裁量幅が大きく、それゆえに売買は相対でなされるべきであるとする社会的通念が存在していると考えられる」と岩田氏はいう。

米穀についても普段に値段駆け引きがあったのか。江戸期において米穀販売は、舂米屋店先と振り売りの二種類があったという。岩田氏は振り売りについては「耳嚢」[*14]を引いている。

「桶に入れ、荷いて町方裏々へ向いけるが、裏々にてその日過ごしのものは一升二升調い候こともならざるものあり。五合三合の米を米屋へ買いに行き兼ねるにより、一合二合ずつせり売りせし」

せり売りというのだから、やはりその日暮らしの事情に応じた値でもって商いをしていたと思われる。しかし、江戸のような大都市では「米穀の小売における値段決定については権力的な需給調整策を背景とした米《相場》の規制力が強く、日常的には米屋と買手の相対による売買値段の決定の余地はほとんどなかったと考えられる」と岩田氏はいう。舂米屋店先は仲間で示し合わせて下値に買った米も高値に定めて販売するという利益追求の論理が優先されて行くようだ。

地方の在郷町の米屋はどんなであったか。滑川町のヘギ米屋の史料[*15]がある。藩から禁じられている「俵米」販売を認めてもらいたいという願書で、「俵米」は玄米を意味するようだ。精米屋は仕入れた玄米をそのまま販売してはいけないのだが、山村の難渋者たちには玄米を「二升、三升」と小分けに売ってやっているという。次のように自分たちの商いを説明している。

「私ども（山方）村々難渋人らへ二升、三升宛て俵米売りさばき来り申し候所、代銭の義は一か月送りに仕置き候分もござ候ゆえ、右の分俵米売りさばき申さずては、仕送り米代銭も取立て兼ね、はなはだ迷惑至極つかまつり申し候」

精米屋が玄米をそのまま山村の難渋者に仕送るというのは、加工賃を取らず安く売り渡すという意味で、これを売ってはならぬと言われては、彼らからその安い代銭さえ取り立てかねると、願いの理由を述べる。精米屋は彼らを支援しているという主張で、ここには相対の値でというモラル・エコノミーが生き生きと暮らしの中にあると分かる。

「もっとも右の村々においても、俵米売り渡し申さず候ては甚だ迷惑の筋に存じ奉り候。その内にも、彦三郎・留次郎・弥助三人の儀は、俵米売り捌き人仰せつけられ置き候につき、なおさら右同様、俵米売り捌き来り申し候間、この段、ご賢察なしくだされ、何とぞご慈悲をもって右の通り二升、三升の俵米売り捌き方、お聞き届けなしくだされ候よう願い上げ奉り候。」

山の村々には三人の俵米の売り捌き人が任じられているが、彼らのためにも精米屋の仕送りは助けになっているというわけである。

「なおまた、里中より出米は無数にて、これまで小売り米に指し支え候節は、御切手米買い請け、売り継ぎ来り申し候。値段の儀も過分高値にて、値上げ願い方しかね候節は、批肝煎中らより詮議の上、押し値段に申し渡され、損料あい懸かり迷惑つかまつり候義もござそうらえども、前段申し上げ候通り、山方村々難渋人へこれまで仕送り米つかまつり来り候分も同様の値段をもって売り渡し来り候訳柄にござ候間、何とぞ格別のご詮議をもって願いの通り、早速お聞き届けなしくだされ候よう、恐れながら書付をもってこの願い上げ奉り申し候」

里の村々から売り米は無数に出るが、小売り米に差し支えた時は高値の御切手米を買い請けてきた、値上げして売りたいところ、批米屋の肝煎たちで詮議して申請するが、たいてい変わらずにと押し切られ、損料が出るが、山方難渋人に売り渡すと同じ値で仕送ってきた訳柄で、どうか俵米の売り捌きの許可を――と、述べる。新川郡では油を採る菜の花栽培が盛んであったが、米作の出来ない山方でどんな稼ぎをしているのか。「二升、三升」の少量の米を求める「難渋人」がいるという。山方の人々が小商人化しているか、賃労働者化しているか、そんな動向のあることが感じられる。

「滑川町批小売人　藤次郎…」以下、十九人の批米屋の名前が連なり、宛先「岩城七郎兵衛」は享保七（一七二二）年に新川郡山廻役になった人物である。*16「寅五月」とあるから、「年不詳」とされるが、享保七年か十九年の史料と思われる。

十八世紀初期の批米屋の日常の一端が窺え、藩が御蔵米の売値をいつも相場からかけ離れないよう低めにコントロールしていることも示す史料である。武家たちは米価の統制を諦めていない。諸物の値の中で、米価だけはお上に押し値段にされて、批米屋に人々の相対に応えていく余裕は小さくなり、相場値に従うことを余儀なくされて行く様子がここから窺えよう。研究者・岩田浩太郎氏は次のように述べている。*17

「先に指摘した米穀販売の特殊性と相対売買を基本とする都市下層民の売買慣行との間の緊張関係は、日常態においては顕在化しないが、飢饉など緊急時・米価高騰期においては顕在化した。」

その例として、岩田氏は江戸で初めて打ち壊しが起きた天明七（一七八七）年五月十一日の江戸町触れを引いている。

「米買いに参り候者ども、値段相対いたし、ねだりがましき義申すまじく候、もしまた理不尽なる義申す者これあり候らわば、米屋どもより申し出るべく候」

打ち壊しの起こる直前に出た町触れであり、米屋に相対値段で売買を要求する買手が広汎にいたことを示し、同様の町触れが享保十八年正月の高間伝兵衛宅打ち壊しの直前、天明六年九月の米価高騰期にも発令されていると述べる。

「ねだりがましき義を申」す様子については、大坂の町触れが「時の相場にも引き当たらぬ僅かな償いにて買い請け申すべき旨、理不尽の儀を申し、米売り渡さずそうらえば狼藉に及び候趣にあい聞こえ、押し買いの仕方不届きにつき、右体の族、見当たり次第、召し捕り候」と表現していると岩田氏は示す。押し買いと呼ばれる行為のようである。北陸でも慶応二

（一八六八）年越後・寺泊町の女一揆で米屋に「ねだりがましく申し立て」[*18]ていて、やはり騒動になると出現するようである。

個々の事情に応じた値段を売り手と買い手がやり取りをして決めるという光景は、しかし、現代にも世界各地に見られるものであり、この日本にも時に応じて顕在化している。たとえば、第二次大戦中や敗戦後の食べ物不足の時期、買い米暮らしの人々はタンスにしまっていた晴れ着を持ち出し、農家の縁先で食べ物と交換するということが日常となったが、これも相対の売買慣行である。個々の事情に応えてくれる農家は少なかったと言うが、それでも命をつながねばならない都会の人たちは、懸命にお願いをするほかなかった。

一九七三年十月二十三日、サウジアラビアが突如、原油価格を七十％もの値上げ宣告。第一次石油ショックが始まった。十日後の十一月二日、尼崎市の生協マーケットで主婦たち二百人によるトイレット・ペーパーの買い占め騒ぎが起こり、八十三歳の老女が押し倒されて大けがを負った。洗剤・砂糖・塩なども買いだめの対象になり、それらを巡ってやがて物々交換が無数に始まったことが知られている。これも「生存のための経済」と呼ぶにふさわしい行為である。モラル・エコノミーは今も生きている経済行為といわねばならない。

＊1　石毛直道『日本の食文化史―旧石器時代から現代まで』一二六頁、岩波書店
＊2　佐伯安一「近世末砺波散村の地主手作農家の食習」―苗加村斎藤家「所帯鏡」について―『とやま民俗』78号・

二〇一二年

＊3 松浦義弘「食糧と政治―食糧騒擾の時代における「自由主義」―」（『思想』二〇一一年三月）

＊4 「文化十年之百姓惑乱一件」（『富山県史』史料編・近世下・一三〇三頁〜）の中に「右百姓ども口々にひだるいひだるいとわめき、その上石まくり致し寄り付き申さず」（同一三三三頁）とある。

＊5 穀留の令や生田万氏の騒ぎについては新沢佳大編『柏崎編年史　上』三五九頁、柏崎市教委・一九七〇年刊によった。

＊6 池田寛二「モラル・エコノミーの射程―農業問題への歴史社会学的視座―」（『思想』一九八八年一一月号）

＊7 高札　松本駒次郎『八尾史談』大正十五年（一九二六）□□頁

＊8 「八尾町商売範囲につき」（『富山県史』史料編・近世下・八〇七頁〜）

＊9 池田寛二「モラル・エコノミーの射程―農業問題への歴史社会学的視座―」（『思想』一九八八年一一月号）

＊10 岩田浩太郎「都市打ちこわしの論理構造―日本近世の都市食糧蜂起について」（『歴史学研究』一九八五年一〇月）

＊11 式亭三馬（一七七六〜一八二二）は江戸の人。「浮世風呂」は一八〇九〜一三年にわたり刊行された四編九冊の滑稽本。

＊12 寺門静軒（一七九六〜一八六八）は江戸の儒学者。「江戸繁盛記」は一八三二〜三六年の刊行。

＊13 明治二十三（一八九〇）年四月二十日「北陸公論」

＊14 勘定奉行や町奉行を歴任した根岸鎮衛が著した「耳嚢」は随筆十巻本（一八一四年刊行。

＊15 『滑川市史―史料編』一九一頁・一九八五年刊

＊16 保科齊彦『加賀藩十村と十村分役―越中を中心に』二〇一一年刊、二九七頁

＊17 岩田浩太郎、前同。

＊18 拙著『女一揆の誕生』二一一頁

宿続き銀仕法と連帯

元禄九（一六九六）年の大飢饉において越中新川郡で五月から六月にかけて千四百人もの逃散があったことを先に記した。研究者・中野節子氏は、改作奉行による飢饉直前の各地見分の報告を分析している。[*1]飢え人らの金沢城下「御救い小屋」への収容や払い米政策が、他郡と比較して特に下新川郡が不手際と評されている。「例えば五人家族では、二、三人の餓死者を出して初めて御救い小屋収容の手段が講じられている」といい、藩が七月二十二日に米移出地の代官宛てに金沢へ移送可能な米を書き出し、すぐ送るよう命じた際、新川郡代官が「有米三千九百七十石、金沢へは二千七十石の移送が可能」としたのは甘い書上げであったと指摘する。六月には藩は各港に津留を命じて地域内の払い米を許しているため、在庫米のない地ではどこからも米が入らない状況になっていたからである。中野氏は金沢への米移送が滞ったこと、米価が高騰した原因について、従来は米商人の買い占めによると印象づけられがちであったが、正しくは右のような経緯で理解されねばならないとしている。

支配者への最大の反抗は逃散である。新川郡全体の人口は天明七（一七八七）年で九万四千人ほど、[*2]逃散の千四百人は「一・五％」に当たる。相当な数で、藩にとって衝撃であったに違いない。

加賀藩は元禄十一（一六九八）年正月、「新川郡宿続銀《しゅくつづきぎん》仕法書」[*3]を打ち出す。藩で金を用意した、ここから借りて商いの元手にするようにという達し。ほかの郡にも出されたのではなく、新川郡と指定しているので、前年の逃散対策と考えられる。また、「宿方・浦方の頭振りどもへ」と宛先が明示されている。「頭振り」は加賀藩では「高を持たざる者」つまり耕作地を持たない者で、「請け作や諸稼ぎなどして渡世する者」と藩法にある。年貢を負担しないその日暮らしのような者を多くはいう。

元禄八年の家数で、頭振りは四〇％、百姓が六〇％である。先の天明七年では頭振り「二万三百四十人」というから全体九万四千人の二一％、百姓は七九％。元禄期から九十年たつと、頭振りは資産を得て年貢を払う身分となり、半分に減っていることが分かる。この宿続き銀仕法の成果なのであろうか。

なお、頭振りといっても中に富豪商人も含むことに留意したい。藩から町と認定され町奉行の支配下にあるのは新川郡では魚津町だけであるが、彼らのほとんどは耕作地を持たないから頭振り。滑川や水橋、三日市や生地など在郷町の住民の多くは小地主で年貢米を払っている。魚津町では頭振りの中に豪商も存在するわけで、日用層と決めつけるわけにはいかないが、逃散者の多くは頭振りの中でも貧しい人たちであったはずで、貧しい頭振りがこの仕法の対象であろう。

仕法の原文は「新川御郡奉行手帳」という奉行の手控え帳にあって「宿続銀　初節仕法の

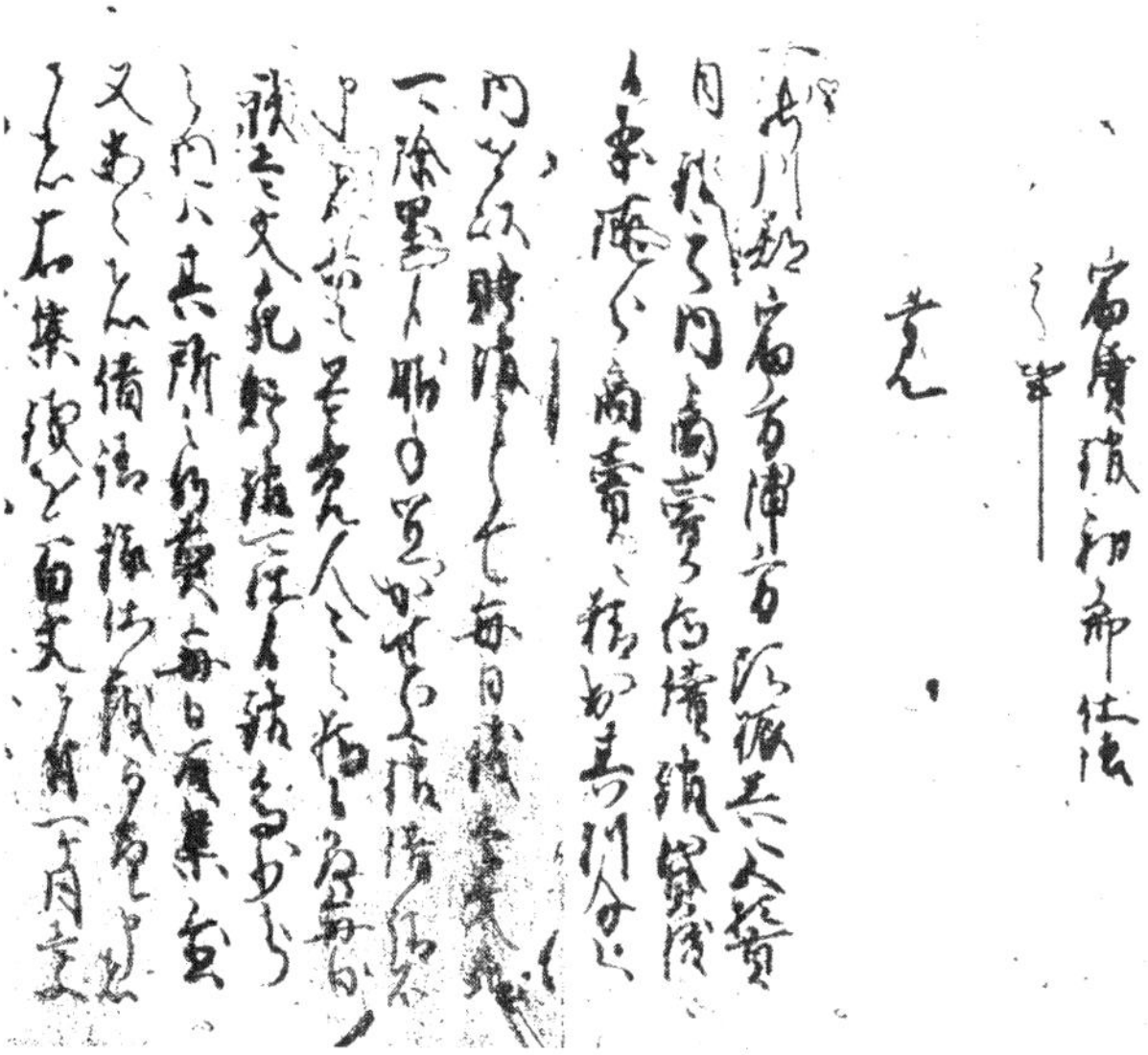

宿続銀仕法書（金沢市立玉川図書館・近世史料館蔵　「新川御郡奉行手帳」）

事」とタイトルがついている。奉行が元禄期の原本を後年に写して「始まりの節はこうだった」と記すのを見れば、条文が変化していることが偲ばれる。貧民に自立を促す最初の仕法は次のようである。現代語にしてみた。原文は巻末に載せる。

○藩が五十貫目の銀を貸し渡す、ここから借りて商売に精を出し、その利分の内から貯銀として毎日、銭一文あて除け置くように。稼ぎが良くて借りない者も、畢竟人々のためなのだから、みんな毎日、銭一文を貯銀するように。所の肝煎がそれを集め貯め置いて、今度はその銀を、末々の者で借りたい者に一か月百文につき一文の利息を取って貸し、商売をいたさせる。
○貯銀は毎年十月切りで元利を取り立て、銀高奉行人へわたす。それを一か月一分（一割）の利息をもって所の者や分限相応の者に貸し、商売をいたさせる。毎日一文の銭を出していない者にはどんなことがあっても貸さない。他村より借りたいと望む者があれば、質物をとって月一分五の利息で貸す。
○四、五年もたって貯銀が五貫目になれば、その宿にてたしかなる者二人を銀子才許人に立て、その年の利息の一をもって給銀として運用の裁許をさせる。
○宿々の貯銀が十貫目になれば、毎日の一文出しは止め、貯銀利息をもって毎年の所の役銀としていく。銀高三十貫目になれば、それで貯銀は止め、その利息銀を所の者たちで配分して助成にする。
○故あってその宿を離れ他村へ引っ越す者、よんどころなく年々出した貯銀を返して欲しい者には、奉行人に達した上、元禄十年より始めて、一か年三百六十文ばかりとし、貯めた期間を算用して返してやり、その利息分は所の者たちの助成にするように。
○飢え人がいれば、利息銀の内から肝煎・組合頭に見計らせ、精を入れて稼ぐように申し付けて銀子を与えるように。
○この貯銀を貸して、宿々の駅馬を丈夫にいたし、弱馬をなくし、もちろん、宿馬の数を減らすことがないように。この筋の者には一か月五の利息で貸す。

○鰥寡《かんか》孤独の者には、肝煎・組合頭が見て、安い利息で貸し、商売に精を出し、「タダ暮らし」せぬよう朝夕申しわたすように。申し渡し筋を承引しない者がいれば、肝煎・組合頭とも越度たるべきこと。

各浦方・宿方の肝煎中が責任者である。「向後成立、飢え人などこれなきよう勘弁つかまつるべく候」と結んで、郡奉行「神子田孫七郎・今井源五兵衛」二人が「新川郡十村中」に宛てた達し。

よく考えられた仕法である。貧民たちはもちろん、町のみんなに最小の出資金「一文」を毎日積ませる。一月たてば三十文、二月で六十文、少しずつ積み上がるのをみて、やがて我らの汗と涙の銭であるという感慨が生まれよう。それは連帯の気持ちであり、借りた者みんなに必ず返さねばという気にさせる仕組みである。人々には元禄大飢饉を互いに生き残ったという連帯気分があったであろうし、災害ユートピア的な優しさは支配の側でもあふれていたのかもしれない。

この仕法は「社倉」[*4]の仕組みを学んだものの考案と思われる。社倉は民衆が拠出し合って米穀を貸し借りするが、ここは銭を貸し借りする。基金こそ藩が貸すが、それを軸に民間で貸し借りし、その利子の一部組み入れによって基金を太くしていく。借りは一年切りで元利を返す。飢え人が出たらその利子をもって施与救済する。

他村の者には「質物」をとって貸すが、一文ずつ貯銀している浦方・宿方の「頭振り」者は無担保・低利で借りられる。加賀藩は一六二八年という早い時期に質屋の利率を二割と公定していたが[*5]、この仕法は月一%、年に十二%。さらに低利である。

三年とか十年の年賦返済はなく一年切りの短期融資であるが、現代でいえばバングラディシュで創始されたグラミン銀行のようである。貧しい者たちに少額を無担保で貸し付けて持続可能な金融機関を創始したムハマド・ユヌス総裁[*6]は二〇〇六年、ノーベル平和賞を授けられた。グラミン銀行の成功のポイントは「グループ貸付」とよばれる制度で、担保を取らない代わりに五人組のグループを作らせ、誰か一人でも返済できなければ他の四人は今後借りられなくなるというところ。この加賀藩でも五人組という連帯責任制度があるが、町においては地主・家主が対象、頭振りは外されており、彼らの自発性に頼るほかない仕法である。

元禄十（一六九七）年、東岩瀬の倉本屋[*7]から生地町の田村前名に浦方十村が替わった。この十村組が無高所の浦方だけで構成されたのは、逃散対策をしっかりとるためであったとしていい。後の史料を見れば、仕法の総責任者は新川郡十村である。仕法の対象が浦方だけなら、東岩瀬・西水橋・高月・滑川・魚津・浜経田・生地・芦崎・吉原・横山・泊・宮崎・境など沿岸に並ぶ二十一の港を統括する生地の浦方十村・田村前名の管理となろうが、北陸道に沿う東岩瀬・滑川・魚津・三日市・浦山・舟見・入善・泊の新川郡八宿の宿方をも対象にするから、十村でも最高位の御扶持人十村が責任者。宿方は旅泊業と物資輸送業を独占的に認められたが、輸送は船舶を扱う浦方も担ったから、宿と浦は一体的であった。「所の肝煎」「銀高奉行人」「銀子才許人」など各町の重役たちが数十のグラミン銀行をつくり、広域地方自治体を形成して運営をしていくと思われる。

新川郡全体で「五十貫目の銀」(九百両くらい)という藩が出した基金は、金沢城下に置かれたのか、魚津町の御郡所に置かれたのかはっきりしない。十村を通した申し込みに許可を出し次第、「宿続き銀」は二十一の浦々、八の宿々に届けられたのであろう。最初の基金は藩の「貸し渡し」であり、藩に返金しなければならない。ただし「無利息」の「長期年賦」返済である。加賀藩はこの元禄期、すでに財政は赤字に転じていたが、返済は確実であり、ずっと持続できる仕組みである。

藩が用意した五十貫目の銀は「宿方・浦方の頭振りどもへ」[*8]貸し出す原資となる。貧しい頭振り人たちの稼ぎは日雇い仕事。不安定な日雇い仕事に従事してくれる人は無数にいるわけではない。蔵から船まで米を担いで運んでくれる人夫がいないと廻船問屋が困るように、あるいは宿方の駅馬がきちんと働いていないと、資材の調達で土木普請の請負人が困るように、まともに年貢を払っている者たちの仕事に差し支えるエッセンシャルな仕事である。社会的分業の意識は「家職」という詞があるように多くの人々に浸透していた。誰もが世の中の何かを担っているという意識は、現代と変わらないだろう。

頭振り人たちに何をして稼げと言うか。後の史料によれば海上猟業にて稼げという。海に

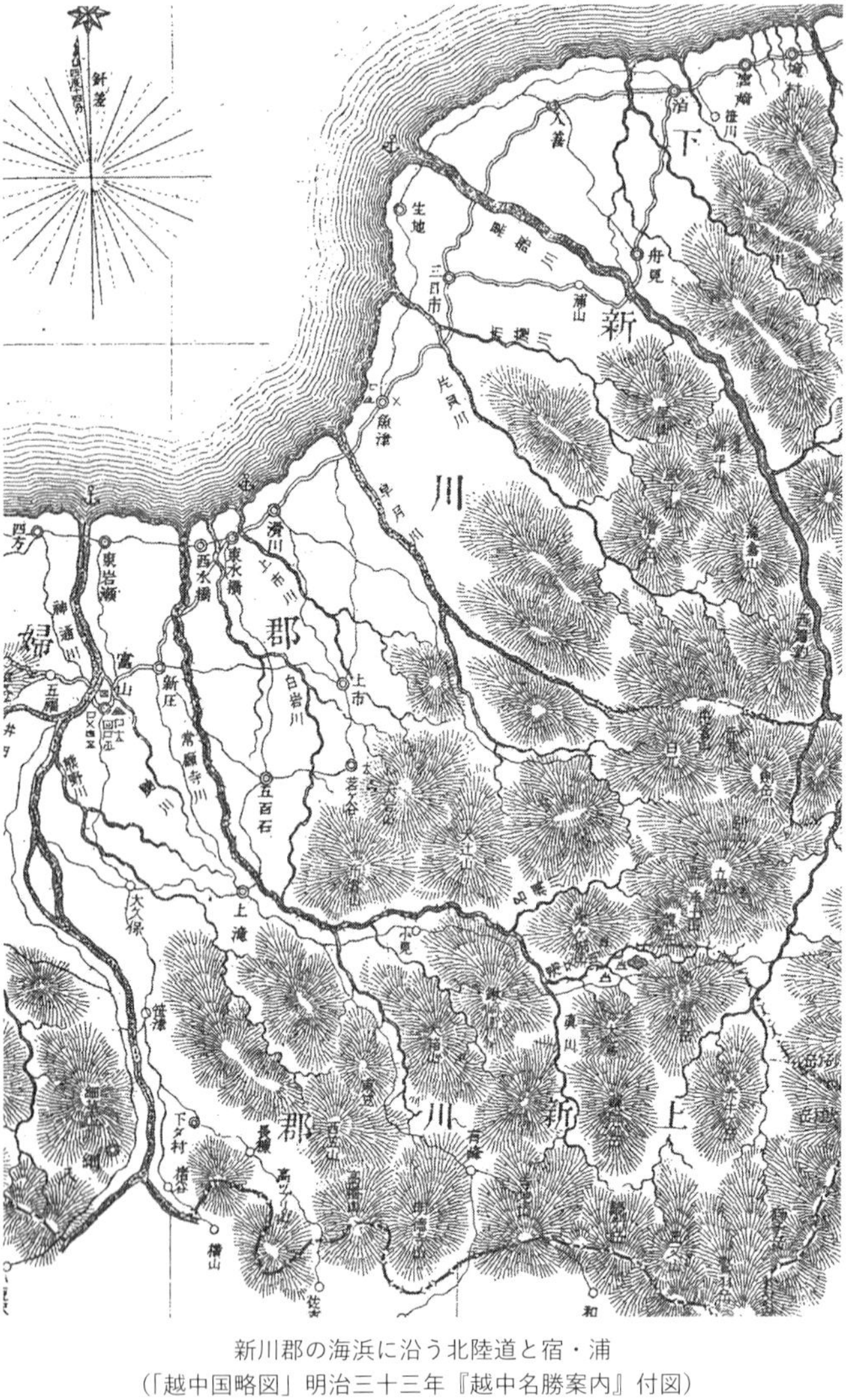

新川郡の海浜に沿う北陸道と宿・浦
（「越中国略図」明治三十三年『越中名勝案内』付図）

面した「浦」の人はいいが、平野部の「宿」の頭振りに海まで通えというのは酷であるが、彼らが宿駅の商いとして「旅籠」「籠屋」「煮売り茶屋」「紅粉屋」などを始めるには大きな資金がいるわけで、小さな元手でとなれば「海猟」をめざすのが手ごろである。小さな一人舟も持たぬ者たち、小さな網、釣り具さえ網主などから借りる者がいるであろう。元手の金を安利息で借りられれば、漁具や小舟を日借りして、一人前の漁師として働き甲斐のある暮らしに入って行ける「頭振り」はたしかに多かったと思われる。

ただし、海面は無限大ではない。当時、沖合一里半[*9]（六キロメートル）までの海面はすでに地元漁師たちに区画占有されていたはずで、それ以上沖合の入会の海面を利用しろという訳にもいかず、新しく「頭振り」が参入してくることは漁師たちの脅威であったであろう。藩や浦役たちがどう取りさばいたかを知る史料は見当たらない。漁師たち全員の共有とみなされた海面で、小さな船、小さな漁具しか認めない参入であったろうが、社会の共有財「コモンズ」がまだそこに残っていたことは確かである。

さて、最後の条に「ただ暮らしせぬよう」とあることに留意せねばならない。せっかくの連帯の手を差し伸べる仕法であるのに、藩と宿浦・町のみんなの貯銀から金穀を施与された「鰥寡孤独の者」は昼夜働いて頑張らねばならない、そのことを「朝夕言いきかすべし」と、町内における見せしめを毎日うけるのである。ごく形式的で軽い儀式であろうが、朝と夕の二回、かしこまり、一言の反論もできない立場に置かれるのは誰でも堪えがたいのではないか。「鰥」は六十一歳以上で妻のいない男性、「寡」は五十歳以上で夫のいない女性、「孤」は十六歳以下で父のいない子、「独」は六十一歳以上で子のいない者。そんな彼らであっても、稼ぎの悪いものは公金で救ってやる価値はないという考えが見える。

『貧困と自己責任の近世日本史』[*10]の著者、木下光生氏は、大和国法隆寺村ほか十か村で一八三七（天保八）年、「施行米受け候もの」に対する「一代限り慎み」として、男女とも銀物はもちろん、目立つ衣類は着用してはならない、何事にも不相応のことはしてはいけない、男は羽織と雪駄はいけない、女は髪の飾り・縁取りの履物はいけないなどと村一同の申合せに従わされているといい、「村から公的に施しを受けることは、強烈な社会的制裁と裏腹の関係にあった」としている。

働かずに金穀を得ることに「ただ暮らし」という侮蔑の形容を与えて、それを恥として感受するよう仕組んだのである。藩主から仕法実施の承諾をもらうために付け加えた一作為であったかしれない。今となっては分からないが、藩の仕法考案者は人間が何を最も恐れるかを知っていた。武士であれ、百姓であれ、町人であれ、皆の前で恥をかかされることは死ぬより恐ろしいことであった。[*11]現代において、生活保護を受けるに際し、誰にも起こりえることとして設定された救済と分かっていても、ためらい、隠したいという感情になぜ襲われるのか、私たちは理解できなくなっている。はるかに遠い三百年前、社会的制裁の最初の発現がここにあったということか。タダで救ってもらうことはできない——私たちはこの歴史的な感情を何気なく背負って生き、ある日、その事態に陥って初めて気づくトラウマとしているようである。

木下光生氏は先の書でイングランドが「十六世紀から十七世紀にかけて①救貧法の制定、②教区単位での救貧税の徴収、③週単位での定期的な救済費の支給、④救済対象者の選別と支給額の認定（後略）といった形態をもつ恒常的な救貧制度を、文字通り制度化」したことと比較すれば、近世日本の御救いは「村人も公権力も、生活保障の第一義的な責務は民間にあり、御救いは臨時的に実施されるものにすぎない」と結論付ける。[*12] だが、イングランドでも「受給者となるためには厳しい選別と排除をくぐり抜けなければならなかったし、晴れて救貧に値する者として合格しても、今度はその先に、猛烈な社会的制裁（受給者とわかるバッジ付けの強要など）が待ち受けている可能性もあった」「制裁の有無では、近世イングランドと日本は変わるところはなかった」としている。

筆者は加賀藩の宿続き銀仕法が、生活保障の第一義的な責務が藩ではなく民間にあることを示す事例の一つと認める。だが、この二十七年前、寛文十（一六七〇）年に設置された「御救い小屋」と同様に、宿続き銀仕法は二百年にわたって継続されている。いずれも寛文飢饉、元禄飢饉に対応した前田綱紀藩主の治世であった。木下氏の言う、近世日本の御救い全般が「臨時的」であったという評価はすぐには受け入れられない。

なお、大都市で質屋以外に金融機関が出てくるのは、塚本明氏の研究[*13]によると、この加賀藩「宿続き銀仕法」より二十年後の享保年間である。京都では町奉行所の役所銀を、不特定多数相手に貸し付ける制度が享保初（一七一六）年に成立、「銭小貸会所」が設置されるのは享保十八（一七三三）年。いずれも、返済が滞った場合、債務者の居住する町に連帯責任が負わされたという。自由経済は進むのに、「軽き者」が渡世の元手銀がなくて困窮していく状況は全国で増えていたであろう。

＊1　中野節子『加賀藩の流通経済と城下町金沢』二〇一二年・能登印刷出版部、一五四～一六二頁

＊2　『滑川市史―史料編』一八六～七頁・一九八五年刊

＊3　『富山県史』通史編・近世上・九四九頁

＊4　「社倉」は朱子学の実践編として中国から伝わったもの。日本では山崎闇斎が一六七〇（寛文十）年、『朱子社倉法』と題して訓点を施した漢文で出版している。闇斎の弟子であった会津藩主・保科正之は一六六五年、民から借りた九六一両を原資に米七千俵余を購入、百姓に年二割で貸し出す社倉を設置している。この時の加賀藩主は前田綱紀であるが、彼の正室は保科正之の四女・松姫である。綱紀は「非人小屋」と呼ぶ二千人規模の常設の収容施設を創始したことで知られるから、この「宿続き銀仕法」も保科氏からの学びの延長線上に出たものと思われる。広島藩では闇斎の高弟・植田玄節の指導のもと、安芸郡矢野村の肝煎が延享四（一七四七）年、村単位の社倉を成立させ、明和七（一七七〇）年には広島全藩で実施されるようになったという（小室正紀『幕藩制転換期の経済思想』一八三ページ、二〇一六年、慶応義塾大学出版会刊より）。加賀藩でも武士や村・町の上層部には知られていたと思われる。加賀藩の能登輪島で蔵宿を勤める中島三郎左衛門という商家が天保一二年に書き上げた蔵書目録が残っているが、そこにも四書五経はすべて揃っている（橘川俊忠「近世商家の知的世界―奥能登輪島中島家の蔵書目録から」（『歴史評論』六〇五号、二〇〇〇年）ただし、加賀藩で社倉とはっきり明記される

組織が民間によって設けられるのはずっと後年、文政年間、小松町においてである。

＊5　質屋の利足「二十％」という規制は寛永五（一六二八）年に出されている（『滑川町誌』大正二年・八〇頁、「租税志」より）。

＊6　ムハマド・ユヌスは一九四〇年生まれ。「グラミン」は村落の意味で、現在、バングラデシュの八万四千以上の村落、五百五十万人以上の貧しい女性に貸し出しが行なわれ、六十カ国でこの銀行システムが採用されているという。

＊7　保科齊彦『加賀藩十村と十村分役—越中を中心に』二〇二一年刊によると、「東岩瀬の倉本屋」は明暦元年に浦方御用に任命され、浦方徴税、参勤交代に関わる船御用、河川管理、漁場争論、一般漁業・海運管理の業務に携わり、元禄九年給人米売買に絡んで御召し米使い込みの嫌疑を受けて罷免、刎ね首にされたという。

＊8　一八七六（明治九）年「宿浦合併につき定約証（写）」（『滑川市史　資料編』504頁）に「滑川浦方の儀は元禄の度内国一般の御規則御調の上御振分に相成り、滑川町の儀は有高所、同浦方の儀は無高所にして海上猟業相稼ぎ申すべき事に相成り…」と記されている。

＊9　明治十二（一八七九）年『水産物取調』石川県内務部編に、金石捕鯨の漁場区分として「沖合海底一里十八丁ばかりの処」と出てくることから六キロ以上が「入会海上」と推定される。

＊10　木下光生『貧困と自己責任の近世日本史』二〇一七年、人文書院刊

＊11　人前で恥をかかされるのは死ぬほど恐ろしい、というのは筆者の経験にもあり、最近読んだ横山百合子氏の「遊女の『日記』を読む―嘉永二年梅本屋佐吉抱え遊女付け火一件をめぐって」によっても示される。自分の働く遊女屋に火を付け、自首して出る遊女十六人のリーダーが二十八歳の加賀藩金沢生まれの女性であったことをもって、紹介させていただく。八歳のとき両親に連れられ江戸へ出て巣鴨に住んだ「かめ」さん。十三歳の時、梅本屋に「十五年季、給金八両の酌取奉公（非合法の遊女）」として出された。遊女名「豊平」となった彼女は、暴力による折檻を日常化している非道な梅本屋佐吉の遊女屋で、それを耐え忍び、年季明けをひたすら待つが、逃げて連れ戻された朋輩の「玉芝」のウソの証言により、「豊平」は遊女一同の前で折檻。「豊平に二百文もらって逃げた」という玉芝のウソは佐吉に折檻で強いられたものであったが、「箱懸てその儘はらばいニして、弓の棒

て四十五、六斗〆、夫から又縄を結て、えり首や手のくびれる程箱に懸て〆上ケて、暮方迠飯も不喰、湯も茶も呑ませすニ〆つけられ」（彼女の日記原文のまま）といった苛酷な折檻に、豊平はその年季の二年延長を迫る佐吉の言い分を呑む。佐吉はリーダー格として有能な豊平を確保したくて謀ったのである。筆頭の遊女としてふるまってきた豊平が、三十二人余の遊女たちの前でウソの証言を認めさせられる屈辱は「くやしい一心で（折檻にも）眼もまハさず」という、火付けを決意させるものであった。あと五年に延びる遊女勤め、十数年は受け入れてきた彼女が待てない年月ではないが、豊平は火刑を覚悟して二年後に火付けに及ぶ。佐吉の不当は死を賭しても明るみに出さねば済まないことであった。火付けに及ぶプロセスを横山氏はまことに素晴らしい文章でこの人間ドキュメントに仕立てられている。遊女がなぜ日記を記すのか。「書く」という行為は「人をその先に進ませる力をもつ」のではないかという横山氏の指摘は、筆者の心深く刻まれるだろう。なお、「箱に懸ける」は、身動きできないよう縛り付けられることという。

＊12　木下光生氏、同書二六九頁

＊13　塚本明「近世中期京都の都市構造の転換」（『史林』70巻五号、一九八七年）

困窮する宿と馬借銀

呼び名の通り、宿続き銀仕法は「宿」の機能を維持強化するのが主目的である。箇条書きに「駅馬を丈夫にし」「数を減らさず」とあるように、宿には一定数の駅馬が確保されていいなければ、商品輸送はもちろん、遠隔地間の情報が滞り、参勤交代の宿泊にも支障が出る。荷物を運ぶ馬を養うのは大へんで、馬一匹は一日に大豆二升を必要としたといい[*1]、寛政十一（一七九九）年の記録[*2]では「飼料一疋につき、年中三百五十匁宛」とある。馬は荷主や客の支払う伝馬賃で維持されるはずだが、公用は安値に設定されていて、商用の値を相対に高値にしても赤字が出るというシステムであったし、馬が老いて新馬を買うとなると、延宝三（一六七五）年で一疋「百九十二匁」[*3]もしたから、十疋から二十匹も揃えねばならぬ各宿では、馬の購入は藩からの貸付に頼るほかなかった。

公用といっても、武士や十村役・村役・町役たちの出張や藩物資の輸送だけではない。町人が藩蔵米を購入して金沢町の搗屋・酒屋・米問屋へ運ぶ払い米や、買い集めた小豆、馬飼料の大豆も「侍中」の名で伝馬を用いるし、能登や越中の塩ブリや塩イワシ、赤松の材木や木綿・繰り綿・薬種・煎茶なども「侍中」や「寺庵」の名義で輸送された。越中の御蔵には大知行者の給人米が多く割り当てられていたので、自家米を除く大半は金沢へ送られる払い米となり、その量は莫大であった。

武士たちの宿泊がいかに低額であったか。嘉永六（一八五三）年、射水郡「佐加野」宿の二月廿一日の夕から翌日朝まで武士二人が一泊した記録[*4]は次のようである。

「一　四飯　三輪辰三郎様御上下二人
　　この御払　百三十四文　　御飯米代等

外　　四百文　　村方より余荷」

当年の玄米一升が六十五文、膳米一升が九十九文といい、当時の旅籠では一人分「上」二百文、「下」が百六十文であった[*5]というから、二人で百三十四文は旅籠の下の一人分にもならない値である。サービス料などは支払われず、それらは村の「余荷」にせざるを得ない。『富山県史』も、御用宿をつとめる主人にとって一種の課税のようなものであったと記している。公用の宿泊を少しでも減らそうとして、とりわけ参勤交代の宿泊を避けようとして、文化八（一八一一）年、富山藩の「草島宿」では不審火を十か月間に九十件も仕組んで「狐火」の出る宿、ここに泊まるのは危ないという評判を立てるに及んでいる[*6]。百二十三戸の村で罹災家屋が五十六戸、四回も付け火をされた家屋があるという。

宿というのは多数の旅人が行き交う賑わいによって富を生み出す場のはず。旅人や荷物の往来を待ち焦がれる存在でもあることは、「抜け荷」と呼ばれる次のような事態を通して現れる。『富山県史』の記載[*7]からいくつか紹介しよう。宿は、矛盾を抱える場であった。

馬の荷は次の宿に着くと、宿継ぎといって荷をその宿の馬に積み替えるのが原則であった。積み替えは面倒であるが、商人が自分の雇い馬で荷を付けたまま宿を通過することは「抜け荷」と称され、禁じられていた。宿を保護するためである。どうしてもそのまま通過したい者は宿にいくらかを支払う必要があった。その挨拶料は「上前（うわまえ）口銭」とよばれた。

越中から金沢まで莫大な払い米が運ばれることは先述した。今石動を通り倶利伽羅峠を越え、向こう側の「竹橋」の宿に至る北陸道が本道であるが、間道が三つあった。

まず氷見浦で獲れた魚の金沢登らせ。氷見―守山―佐加野―今石動―竹橋―津幡―金沢へと運ばれるのが原則だが、新鮮な魚を早くというので近道として氷見―臼が峰―志雄―内灘―金沢というルートが用いられることが多くなった。守山宿や佐加野宿は宿利用がいちじるしく減少したため、臼が峰峠手前で魚輸送の者たちを取り押さえ、上前口銭を要求するとい

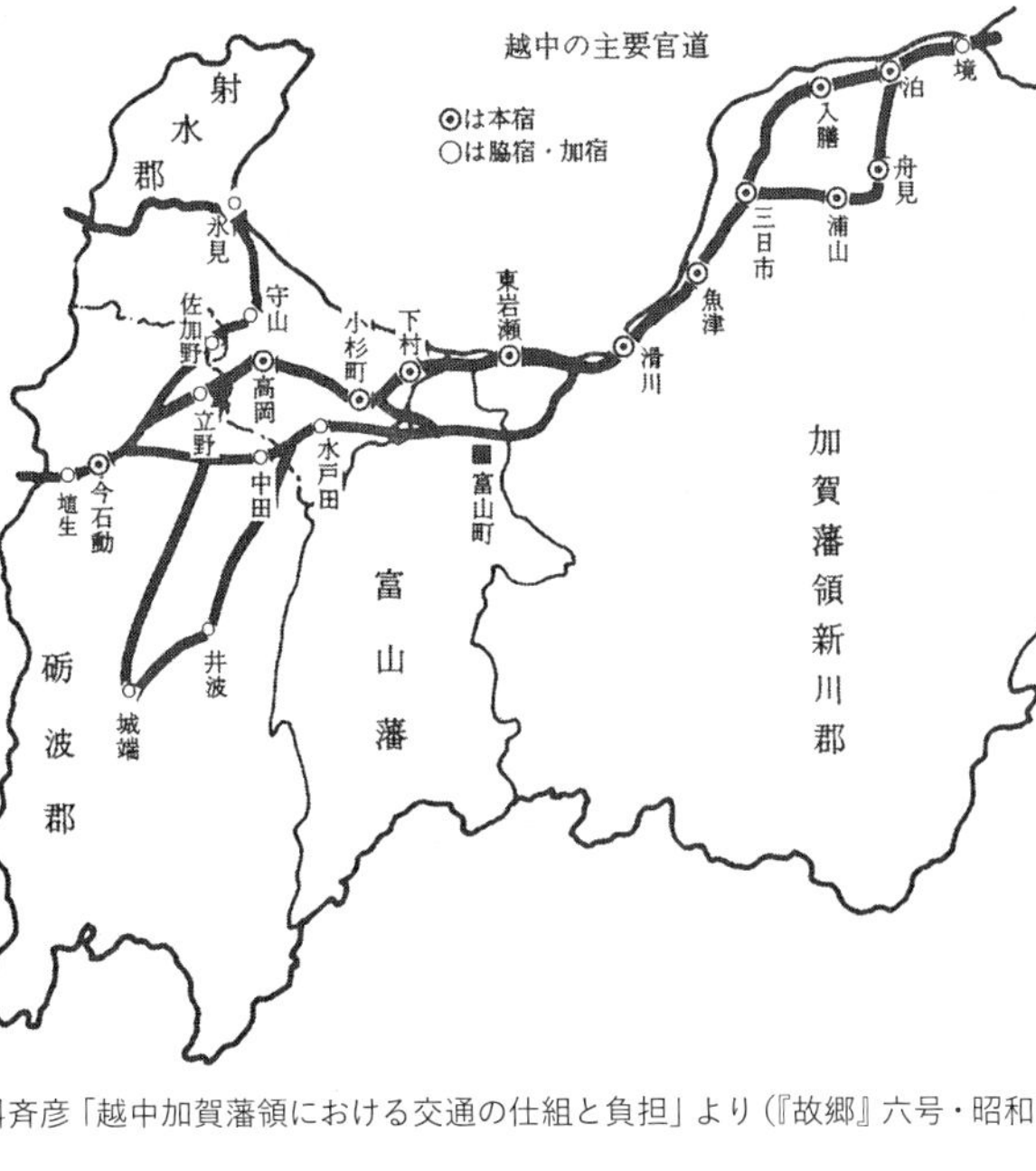

保科斉彦「越中加賀藩領における交通の仕組と負担」より（『故郷』六号・昭和五八年）

う事件が十七世紀半ばからたびたび起こっている。

次は砺波地方の米の金沢登らせ。小矢部川の船運を利用して今石動まで至り、馬に積み替えて倶利伽羅峠を目指すのが原則であるが、しだいに間道を選ぶことが多くなる。一つは津沢で船から馬に積み替え、内山峠を越えて小原を通り森下で北陸道に出、金沢へ向かう小原越えルート。もう一つは福光から小又峠を越え、二俣へ出て角間・若松・金沢に出る二俣越えルート。この二ルートが多くなり、竹橋・津幡の両宿が困窮して「小原越え禁止」を訴え出た。藩は明暦四（一六五八）年に禁止を認める申し渡し書[*8]を出すが、その文言の解釈を巡ってなお混乱が長く続いた。

氷見の毎日の魚と砺波の莫大な米、この二つの重要商品が間道を通ることが多くなって、もっとも困窮したのは北陸道の今石動である。その西隣りの埴生宿も砺波地方の米を小原越えで運んでいた。今石動の駅馬は越中で最高の五十九疋であったが、延宝九（一六八一）年には四十疋、幕末の元治元（一八六四）年には十五疋と減少している。寛政二（一七九〇）年の今石動町奉行が巡見して「表通り往来筋にも空き家・空き地が多くあり、参勤交代の御旅屋の軒並にも空き家が続いていて、表通りに二十軒の空き家と二三カ所の空き地があり、浦通りに十二軒の空き家と六十八カ所の空き地がある」と記している[*9]。

魚と米の輸送要所の一つ、高岡宿でも困窮は始まっていた。駅馬四十七疋のうち九疋が退転した寛文六（一六六六）年、宿には新馬購入の資金がないと申し出て、藩は一疋二百匁で

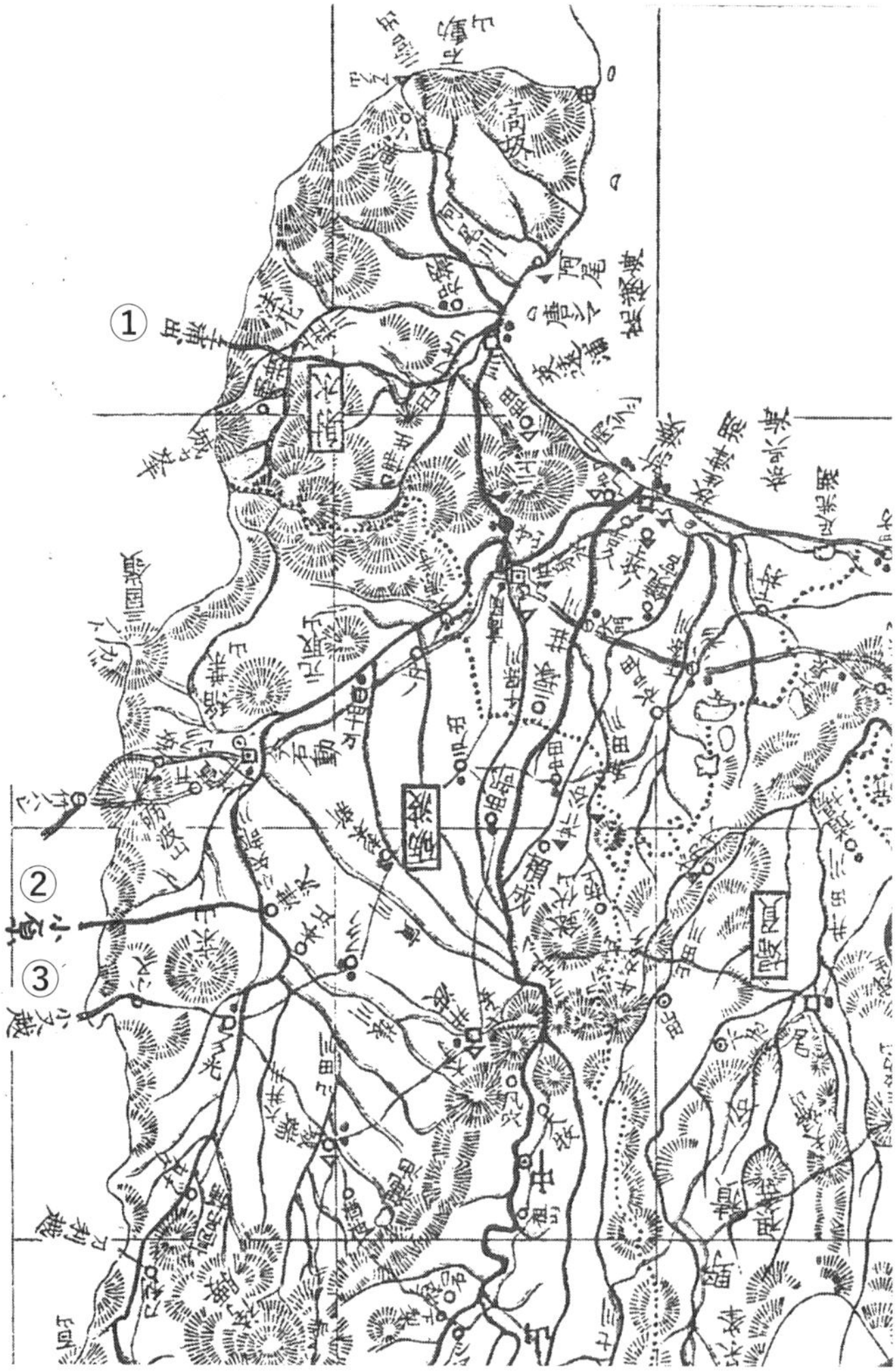

金沢へ山越する間道
（明治十一年『越中地誌略図全』の付図より。②の線は筆者記入）

四十三疋分「八貫六百匁」を翌年に無利息で貸し渡し、七か年で返済させる手立てを講じている。[*10]その年賦明けの延宝三（一六七五）年には、宿は四十三疋から三十五疋に減らして欲しいと願い出て認められ、今後の手当て十四貫目の無利息貸し渡し・七か年返済を得る。[*11]それでも衰えを止められないようで、その年賦明けの天和元（一六八一）年、藩に願い出て「銀五十貫」の貸し渡しを得ている。[*12]無利息・十五ヶ年年賦なので、「町内相当の資産あるものに貸し付け、その利子をもって駅馬の維持費を支弁せんとするなり」というから、先述した「宿続き銀仕法」の原型はこの頃に始まったと思われる。

新川郡の各宿においては、間道の問題はあまりないが、公用の利用は北陸道一本に集中することになるから、藩の支援が時々なければ行き詰まるのは同じであった。

＊1　小矢部市中央町・千葉敬一氏蔵「御仕法等時々被為仰渡之留」（『富山県史　通史編Ⅳ　近世下』四〇九頁）
＊2　『高岡市史』中巻・六七五頁
＊3　保科斉彦「新川の駅馬」の第六表に記載（「故郷」二号）
＊4　『国吉小史』一九六六年刊・四五九頁
＊5　『国吉小史』一九六六年刊・四六六頁
＊6　保科斉彦『越中草島　狐火騒動の真相─加賀藩主往還道の農民生活』桂書房・二〇一三年
＊7　『富山県史　通史編Ⅳ　近世下』三九〇～四一一頁
＊8　菊池文書「小矢部川越米之儀ニ付御懸合之一件抜書」
＊9　『富山県史　史料編Ⅳ　近世中』九〇七～一〇頁

*10 『高岡史料　上』九〇九頁
*11 右に同じ
*12 右に同じ

宿続き銀仕法のその後

　宿続き銀仕法はどのように維持されたのか。六十年後、宝暦八（一七五八）年「滑川町困窮につき条々願書」という十五か条にのぼる長文の願書[*1]にその運用ぶりがうかがえる。

「先年町中より日銭を出し、月に何ほど宛と人々出し置き、すなわち貯銀と名を付け、町へ貸し付け、ただ今過分の銀高にあいなり申し候。右銀子、かように仕置兼ね、手に合い申さずにつき、割符つかまつり、請け取り申すべく旨、あい断りそうらえば、五三年以前よりたいがいの銀高を決め、近年、利足銀配当いたされ、請け取り申し候」

　貯銀と名付け、町へ貸し付ける、町民に利息銀を配当したなどという。「五三年以前」は宝永二年で、元禄十年まで五年たりないが、その元禄最初の貯銀が三十貫に達し、その利息を全戸に配分した後、新しく再開したのが宝永二年というのかもしれない。「宿続き銀仕法」とみて間違いない。「過分の銀高」になって手に合わなくなった、割符して皆に配当すべきとお伝えしたら、近年、利足銀だけ配当になったという。元禄の条文に「銀高三十貫目になれば貯銀は止め、利息を所の者に配分」とある通りだ。次のように続く。

「取立て料に四百目、五百目あい渡し申す義、無益の銀子にてござ候間、五十目か三十目宛にて十人頭を取り立て、すなわち帳面などをもってお指図あい調え、役人中へ差し上げ申すように願い奉り候。且つまた、毎年、一歩・二歩あて本銀入れ立て候につき、難渋つかまつる者、肝煎ならびに取立人方へまかり越し、借り申したき旨あい願い候ところ、残らず貸し付けこれなき旨、外の者に貸し申されず、贔屓の者までへ貸し渡され候。しからば町中貯銀、用分にあい立ち申さず候につき、割符つかまつり、人々へ配当仰せつけられくださるべく候。もちろん、不相応の取立て料、八の利足に行き届き申さず、町中費えにござ候間、ご詮議の上、配当仰せつけられくださるべく候御事」

取立て料に四百目、三百目と高額を支払っていては無益、五十目か三十目で十人頭を取り立てるように願いたい。また、利足銀の「一分・二分」は根金の方へ入れさせられるし、難渋した者が借りたいと申し込んでも、「残らず貸し付けており貸せない」と言い、それなのに肝煎や取立人は贔屓の者には貸すなどし、貯銀の用分に立たないので、割符して皆に配当するよう仰せつけられたい――という。

願い先は新川郡御扶持人十村・経田村五郎八。願書の申し立て三十三人の中で素性の分かるのは「元宿肝煎」の五郎右衛門と「町組合頭」の宗兵衛の二人しかいないが、組合頭クラスが多いのかもしれない。他の条を見ても、銀高奉行人や銀子才許人に対する、仕法の運用を良く知る人でなければできないような告発内容である。この条では、商売が不調で返金が滞る者からいかにして取り立てるか、それがやはり貸金事業の鍵であることを指摘し、運用の効率の悪さ、エコ贔屓、いつでも借りられるというふうに回らなくなった都合の悪さが主張されている。

ただし、貯銀仕法の根金ごと全員配当して、ここで解散されたわけではない。この願書のほかの条を見れば、宿続き仕法が引き続いていく理由は明確になる。拝借米をうければ、全戸に一定の給付が行なわれるのだから。

「寛延二（一七四九）年十月廿四日、大波にてお嘆き申し上げ候ところ、二百七十九石余、ご拝借仰せつけられ候うち、百五石余、貸付につかまつり、残り配当つかまつり候。返上の義は、右残し米の利足をもって返済つかまつり候」

富山湾に特有の「寄り回り波」で、おそらく人家の流失があったのであろう。この宝暦八年から九年前の災害で、藩から拝借、つまり「お貸し米」を出してもらったが、その三分の二弱は全戸に配当して、残りは貸付け米にし、その利息をもって返済していくという。

「しかるところ、近年、軽き者ども至って難儀つかまつり候につき、右残し米請け取り申したき旨、数度あい願い候ゆえ、肝煎中へ右の趣私どもも、あい断りそうらえば、貸付置きこれなき旨、申し聞かされ、…」

頭振りらが何度も拝借米残りのさらなる配分を願ってきたので、支配の肝煎たちに相談すると、米は全部貸付になっていて配当はできないというので、「諸往来お侍様方御宿も努め兼ね」として、さらに藩に拝借を願ったらしい。

「お大切なる御米千五百石、宿続きのためご拝借仰せつけられ有難く存じ奉り候。しかるところ、家数六百軒余へ御米三百二十石、残り米私ども組々人々配当仰せつけられ候。残り千百七十石余、何れ借り請け申され候や」

「宿続きのため」と記すから、元禄十年の「五十貫目」のような無利息・拝借米である。そのうち三百二十石は全戸に配当、残り千百七十石余は誰かに貸し付け、その利子をもって藩に年賦返済していくという。誰に貸したのか明確にしろという訴えだが、おそらく町のトップクラスの分限者に貸している。宿方の困窮に対して町方の大商人クラスが連帯の手を差し伸べているから成り立つ仕法である。三百二十石の配当が全戸に均等配分なら一戸五斗の米が給付されている。まるでベーシックインカムのようではないか。

他の条に元文二（一七三七）年、馬駅米五十石を拝借、十五年賦で「石につき二斗一升四合」ずつ返済した、これをその貸付利息でまかなったと出てくる。拝借米でも利息のつくものがあるということだ。この二十一・四％という利息が普通のお貸し米の利息なのであろう。この時は年貢に閊《つか》える者がたくさんいて五十石を全戸に配当のつもりだったが、「末々返上に指《さ》し支《つか》え」ては難儀の上に迷惑、全額を町に貸して利息で年賦返済ということに「納得」「示談」したと記している。巻末に原文を掲げるので、この書きぶりを読んでもらいたいが、町中の役に付いている人たちが貧しい者たちの心というか意見をよく汲み上げている様子がうかがえる。

貯銀仕法は一年以内に返済という短期融資、拝借米仕法は長期融資――合理的な組み合わせの貧民救済法である。

このほか、所の役銀は貯銀利息から出すことに決められていたが、宿・浦の所要費に町役の掛かりものが混じってくるのは何故かとか、いろいろ問題はあるようだが、なんとか仕法は維持される。拝借米や貯銀の最終貸付相手は当町の年寄役・綿屋九郎兵衛が主に引き受けていて、その「一か月一分」という高い利息の支払いも、彼の商い「真綿・木綿売買」や領内移出米の利益によって賄われているのであろう。上層商人と下層民の連帯があって、総体として軽き者どもの救いとして「宿続き米」は位置づけられているのが見て取れる。

『魚津町誌』[*2]によると、「藩より時々若干の金穀を無利息年賦にて借り受け、(それを町内相当の資産ある者に貸付け)その利子を駅馬維持の経費に充て、なお不足する時は、全町に賦課、徴収」していた。借りた金を馬借銀とよび、分限者に細かく段階を付け、それに応じた貸付を引き受けさせる、その利子は「年利一歩五厘〜七厘」(十五〜十七%)であったが、「その後、殖利の法を設けて宿用金」としたとある。この宿続き銀仕法がそれであることは先述した。藩から無利息で借りられるのはたいてい馬の買い替え時であった。

さらに、「宿用金」には「実用方」と「永潤方」の二つがあるという[*3]。前者は頭振りたちへの融資や貸付のことで、後者は先の馬借銀を指すようである。

各宿に割り当てられた馬数は、東岩瀬十八疋、滑川二十疋、魚津十九疋、三日市二十六疋、浦山二十五疋、舟見二十五疋、入善二十三疋、泊三十疋。どの宿も、これらの駅馬維持費を賄うため貸付額は分限に比例させるようである[*4]。その分限順位は、『魚津町誌』によれば次のように決められる。

「往古より客年の見込み上等の者なれば、商法を公にし、自然市街の貧富を常に了知する者とみなし、投票施行の節、すなわち客年の見込み上等に居る者、旧慣に因り、さらに第一番より三十番までの者、ならびに役場用係をもって投票するものとす」

昔からずっと上等に居る者は「商法を公にし」つまり、商いの仕入れ先や売り先、だいたいの売上高などが公開されているので、自然にどんな商いの人の貧富も了知するようになる――そんな三十番までの人たちに、町人全員について投票してもらう。後の文章に「見込み高」を書いてもらうとあるので、町人一人一人について、見込み高の記せる（三十人のうち）何人かが数値を記して投票、何人かの平均値をその一人の見込み高とし、最後にならべて順位を付けるということであろう。

商法を公にしているという上級富裕者。彼らの投票によって富裕者の順位付けをしていくというのは、かなり民主的な手順である。『魚津町誌』は最も古い記録として残る一七八四（天明四）年の「馬割歩高」八十四家の一覧を挙げている。町方戸数は天明六年で「八百十一戸」、その一割強が中級以上の富裕家とされ、宿用銀を支えていたわけである。その三十番までの人は次のようである。（　）内は実績高か。

平澤屋　吉右衛門　弐匹（一匹八分）
尾澤屋　権左衛門　一匹六分六厘（一匹六分）両替屋
吉野屋　文右衛門　一匹一分三厘（一匹四厘）酒屋
車屋　宗　八　八歩四厘（八分六厘）
川上屋　久兵衛　七歩八厘（八分四厘）
尾澤屋　六郎兵衛　七歩一厘（七分五厘）両替屋
佐渡屋　勘左衛門　七歩一厘（七分二厘）
大正寺屋　理兵衛　六歩（五分八厘）　酒屋
車屋　与兵衛　五歩七厘（六分）
為し　源五郎　五歩三厘（五分三厘）
吉岡屋　宗四郎　四歩五厘（四分五厘）
天の屋　忠兵衛　三歩四厘（三分二厘）
泉屋　伝助　三歩四厘（三分六厘）
油屋　権兵衛　三歩三厘（三分二厘）
勝　孫右衛門　三歩二厘（三分三厘）
新　藤兵衛　三歩一厘（三分）
米屋　覚兵衛　二歩六厘（二分三厘）

平澤屋　吉郎兵衛　二歩二厘（二分）
笠屋　久四郎　二歩二厘（二分一厘）両替屋
立　五兵衛　二歩二厘（二分三厘）
四十物屋善五郎　二歩一厘（一分九厘）酒屋
濱　弥右エ門　二歩一厘（二分一厘）魚問屋
布　吉朗右衛門　二歩（一分六厘）
松　喜右衛門　一歩八厘（一分八厘）
のり　三右衛門　一歩八厘（二分二厘）
鹿　吉郎右衛門　一歩六厘（一分七厘）
立　五兵衛　一歩五厘（一分四厘）魚問屋
高岡屋　久右衛門　一歩五厘（一分五厘）酒屋
辻　千助　一歩五厘（一分六厘）
大正寺屋　万四郎　一歩四厘（一分三厘）

魚津町の当時の町年寄は尾山屋権左衛門だが、この中に彼の名前が見当たらない。また、肝煎は五人で、東屋源右衛門・平澤屋十郎左衛門・坂東屋四郎左衛門・大正寺屋又右衛門・平野屋與四兵衛だが、彼らの名前もない。町役たちが馬割歩高から外れるはずはないので、どちらかに誤植があって、前掲の三十人リストの「尾澤屋権左衛門」は町年寄の尾山屋権左衛門、リストトップの「平澤屋吉右衛門」は肝煎の「平澤屋十郎左衛門」のことなのかもしれない。商いの判るのは八名しかなく、各業者のトップが名を連ねるとは決められない。両替屋が三名、酒屋が四名と多いのは、この二つの商いがかなりの資本金を有さないとできないことを物語るであろう。

最も多く貸付を引き受ける平澤屋吉右衛門は「二疋八分」、最少は権右衛門ら九家の「二厘」。一厘は一疋の百分の一か。

「当町馬割の歩高により、馬割一厘に対し銭十二貫を課し、利子五朱くらいにして、町奉行所より銭札を貸付するものにして、その金高は馬割歩高によりこれを定む」。

馬割「一厘」は銭十二貫という。最下位の権右衛門は「二厘」の二十四貫文を貸し付けられ、その額の「銭札」を町奉行からうける。その利子は従来の「年利一歩五厘～七厘」(十五～十七%)よりはるかに低い五朱(五%)というから、「宿続き」になって資産者にも恩恵があったわけである。権右衛門の場合、六百二十四文が利子に当たり、それを宿馬経費に提供する。トップの平澤屋は「二疋八分」すなわち一厘の二百八十倍「三千三百六十貫文」の貸付を引き受ける。銀に直すと八百四十匁、金で十四両という大金である。一年五%の利息は銀四十二匁、これを貯銀の根金に繰り込み、宿馬費に回される。「銭札」というのはこの町だけで通用する「銭」代用の紙幣である。加賀藩が宝暦五（一七五五）年に銀貨に代わる銀札を発行して、米価高騰と金沢町民一揆を引き起こしたことは有名である。先の史料「宝暦八年の滑川困窮」の中には、銀札が救い銀として配当になり、新川郡ではさほど抵抗もなく受け取られ、流通していった様子がうかがえる条文がある。その当時、不足していたのは銀貨だけでなく、銅貨の銭も少なかった。銀札の普及状況を奉行たちが藩内を密かに視察した報告「宝暦六年郡廻秘記」[*5]に、次のような箇所がある。

一　放生津銭札通用つかまつる儀、相違ござなく候。銭不底（払底）ゆえ、奉行両印にて放の字一字調え、五銭の札ござ候。殊の外宜しく、末々通用つかまつり候由、役人も申し聞き承合い候ところ、同事にござ候。銭札百五十貫高の由ござ候。

射水郡の放生津では宝暦六年、町だけで通用する銭札が「百五十貫文」ほど発行になり便宜とされているわけである。放生津の「放」一字を印刷した五銭札だから、三万枚が発行されている勘定だ。魚の金沢登せに船で放生津まで届けることのある魚津町も、銭の払底は同じだったであろうし、やはりこの頃に銭札を発行しているのではないか。『魚津町誌』の「宿用銀」項は先に続けていう。

「すなわち永潤方より銭札貸付通いを交付し、元金に対する利子を付け込み、毎年三月十日、利足取立ての定めにて、その利子を蓄積して宿用銀となすものなり」

《銭札貸付通い》を交付する。毎年の貸し付けを受ける額をそのつど、記録帳に記していく。銭札は銅貨の不足から発行されたというが、地域内で富を循環させるという、地域社会中心主義のためにもなる。銭札は明治三（一八七〇）年に「七万六千三百三十貫文」残っていたと記す史料がある。

「貸与金はいつでも入用の時は何時にても引上げの切符を交付し、元利とも納入せしむるをもって、損耗などを受けるの憂いなく、最も堅実にして民間に信用せらる。[*6]」

『魚津町誌』の記述では、明治十二年時、宿用金を支える中級以上が「三百家」にまで増えていて、この馬割歩高による順位付けが「各営業勉励の一助」になってきたと記している。宿続き仕法の史料は市町村史を頼るほかないので、新川郡では今のところ十点ほどしか見ていない。管見で最初のものは一七七四（安永三）年正月の「貸付願い[*7]」である。

「　覚

一　五貫五百六十七匁九分　　文丁銀

右、私ども組弁才許組宿方浦方頭振り猟師どもら、続きのため銀子お貸しくだされ候ように願い奉り候。当十一月、無利足にて返上つかまつらせ申すべく候。そのため書付をもってこれ願い奉り申し候。以上

安永三年正月晦日

黒崎村　安兵衛　印
沼保村　次郎左衛門　印
舟見村　忠　蔵　印
山田村　庄　助　印
生地村　前　名　印

荒木善太夫様
山村喜兵衛様
」

黒崎村（現・富山市浜黒崎）、沼保村（現・朝日町）、生地村（現・黒部市）は浦方、舟見村（現・朝日町）は宿方、山田村は現・黒部市の村なら浦方か宿方かどちらか不明だが、五か村合わせて「五貫五百匁余」の貸付願いである。五貫匁と言えば藩が最初に貸し渡した「五十貫匁」の十分の一にのぼる額で、十か月で返金するという。頭振の貸付利息は月一％と

いう藩の指示であったが、ここでは「無利足」という。頭振たちから利子をとらなくても運用ができるというのは、もう十分に基金が大きくなっているか、ほかの貸付銀の普通利足が見込めているか、どちらかであろう。新川郡十村の「次郎左衛門」が彼の地元の「沼保村」の、浦方十村の「前名」が彼の地元の「生地村」それぞれ頭振り「猟師」のために印を押しているのが印象的である。

これから十七年後、一七九〇（寛政二）年、「お貸し米」願いの「覚え」[*8]も見てみよう。

「　覚

一　五百石　　東岩瀬宿続御貸し米

一　三百五十石　三日市村同断

一　二百五十石　浦山村同断

一　二百五十石　舟見村同断

一　二百五十石　入善村同断

一　四百石　　泊町同断

〆　二千石

右六宿の者どもへ宿続きのため御貸し米あい願い候ところ、右の通り仰せつけられ候条、宿々の者どもそれぞれ申し渡すべく候。よって御蔵向きの義、早速差し出し候よう申し来り候条、

早速御蔵向き書付差し出すべく候。承知の験、印形いたし、落着よりあい返すべく候。以上

戌八月八日

大藪勘太夫 印

篠原権五郎 煩

彦四郎

十次郎

庄 助」

御郡奉行二人から新川郡十村の彦四郎・十次郎・庄助に許可したと通知する覚書である。

もう一つ、これからまた十八年後、一八〇八（文化五）年の貯銀仕法のもの[*9]を見ておく。

「 覚

一 六百目 文丁銀 泊町

一 五百目 同 舟見村

一 五百目 同 入善村

右、私ども在所宿方商売のため続き銀お貸し渡しあそばされ候につき、人々へ貸し渡し、渡世いたさせ申し候。もちろん飢え人などござなく候ようつかまつるべく候。しかる上は当十一月、無利足にて取立て差し上げ申すべく候。以上

文化五年三月

泊町肝煎　四郎右衛門

舟見村肝煎　平九郎

入善村肝煎　善兵衛

新川御郡　御奉行所

」

これも「無利足」である。一般の借金利息は元禄期には高率二十〜二十五％で、十九世紀に入ると十％代に下がったが、無利息は頭振りたちにとり幸いであったに違いない。この文書に「人々」という語が出ることに注目したい。渡世の手段を失っている貧しい者たちのことをそう指し示すのだが、この仕法最初期の元禄文書に「畢竟人々のために候」とあったことを思い起こさせる。借りなくても商いは回っていっている人々も、毎日一文を積み重ね、かつ金を借りて利息をわざわざ負担する――「人々のためになるのだから」という心意気の中級以上の者たち。資産の順位認定がいささか強引だから不満はあるのだろうが、彼ら富裕者の貧困者を思いやる気持ちは、これから明治期までさらに百年も持続するのである。富裕者に貧者を人間として見つめる目が存在するのを感じないでいられない。その日暮らしの貧民にも尊い命が備わることを認めていなければ発現しない連帯行為である。人権という語こそないが、それと等しい意味を持つのが「人々のため」という語のようである。

幕末に駐日米国総領事を務めたタウンゼント・ハリスは日記に記している。[*10]「この土地は貧困で、住民はいずれも豊かでなく、ただ生活するだけで精一杯で、装飾的なものに眼をむける余裕がないからだ。」それでも「みな太っていて、身なりが良く、幸せそうな表情をしているが、一つ共通しているのが、金持ちとか貧乏というのが見た目に一切現れていないということだ。」と。「下田港」でのことであるが、日本のどこもそうだと多数の外国人が書き残している。富裕者たちは身なりを豪奢にすることなく、形ばかりの連帯ではなく、貧民たちを支えることで我が生を充足させていたとしか考えられない。

貯銀仕法の方も先の宝暦八年史料のような問題を抱えながら続いているようである。ここまでどの史料も、何十人かの申し込みをまとめた願書で、頭振りらの個別の事情や、借りた銀を何に使ったのか、どんな稼ぎによって返済を可能にしていくのかなどが分かるものではない。どこかに個別の具体相の分かる史料が眠っていると思うので、発掘に努めたい。

＊1　『滑川市史―史料編』三九頁・一九八五年刊
＊2　『魚津町誌』明治四十三（一九一〇）年刊、一八五頁
＊3　『魚津町誌』明治四十三（一九一〇）年刊、一八八頁
＊4　分限に比例して負担率を決めるやり方は、『富山県史　通史編近世上』八一八頁の記載によれば「分限見込割」と称され、延宝二（一六七四）年の創始と言われると記している。
＊5　中野節子『加賀藩の流通経済と城下町金沢』二〇一二年・能登印刷出版部、一六二頁の記載に基づく。
＊6　『魚津町誌』明治四十三（一九一〇）年刊、一八八頁

＊7　『入善町史』資料編2　昭和六十一年刊
＊8　『入善町史』資料編2　一九〇頁、昭和六十一年刊
＊9　『入善町史』資料編2　一九一頁、昭和六十一年年
＊10　渡辺京二『逝きし世の面影』葦書房・一九九八年、モリス・バーマン『神経症的な美しさ』慶応義塾大学出版会・二〇二二年

越中西部の馬借銀

ここまで越中東部の新川郡についてその宿困窮の解決法が、馬借銀を発展させた「連帯経済」と呼ぶにふさわしい仕法であったことを紹介した。その原型に当たる「馬借銀」は加賀藩仕法であり、「宿続き」ほど進化しなかったが、越中西部の射水郡・砺波郡にも同じように存在した。その事例やそれ以外の方法について『富山県史』からいくつか紹介しておく。馬借銀の例は先述した高岡宿における寛文六（一六六六）年あたりが古いようだが、藩からの貸し銀を当てにしない方法も模索されたようである。宿近辺の産物の流通に口銭をかける方法で、砺波郡の「城端宿」が早い。

城端宿では延宝八（一六八〇）年、集荷した荷物から、運賃のほかに上前口銭を取ること

を藩に願い出て、米一石につき十二文、中折紙一丸につき三文、絹布十疋につき五文、蝋十斤につき五文などとすることを認められて、それを宿の維持費に充てている。[*1] 井波宿でも元文三（一七三八）年、町で売買される米一石より銀一分一厘の上前口銭をとり、うち三厘を駅馬入用銀として積み立てた。寛延四（一七五一）年には取引される糸について一把から五分五厘の口銭を取りうち三厘、絹一疋から二分の口銭をとりうち五厘を入用銀としている。[*2] 現代の消費税の如くである。

馬借銀の事例では、先述したように衰退を続ける今石動宿が取り組んだ再建の試みが注目される。藩のテコ入れは寛政二（一七九〇）年、今石動町奉行が町並を実見、「年毎に衰微の次第」「町中の見苦しき体」について「役人ども取り計らいの品尽き果て」ているが、「江戸ご往来の節、お泊りなども俄に指し支えの筋出来」もあり得ると二月に上司に訴え、三月に今石動に大火もあって、十月に「五千石の貸渡し（年々五百石で十年）」「返上の儀は翌年より十五か年賦」の許可を得、町奉行の手で次のように始められている。[*3]

一　五百石御救い御貸米のうち一ヶ年当り
　内三百石代　一か月七朱の利足をもって、分限の者どもへ銀高割付け貸し渡し、右利足をもって五百石の分全く上納いたすべく候。別してこの利足をもって上納いたし、不足候は町役人ども手前にて引き足申すべき事

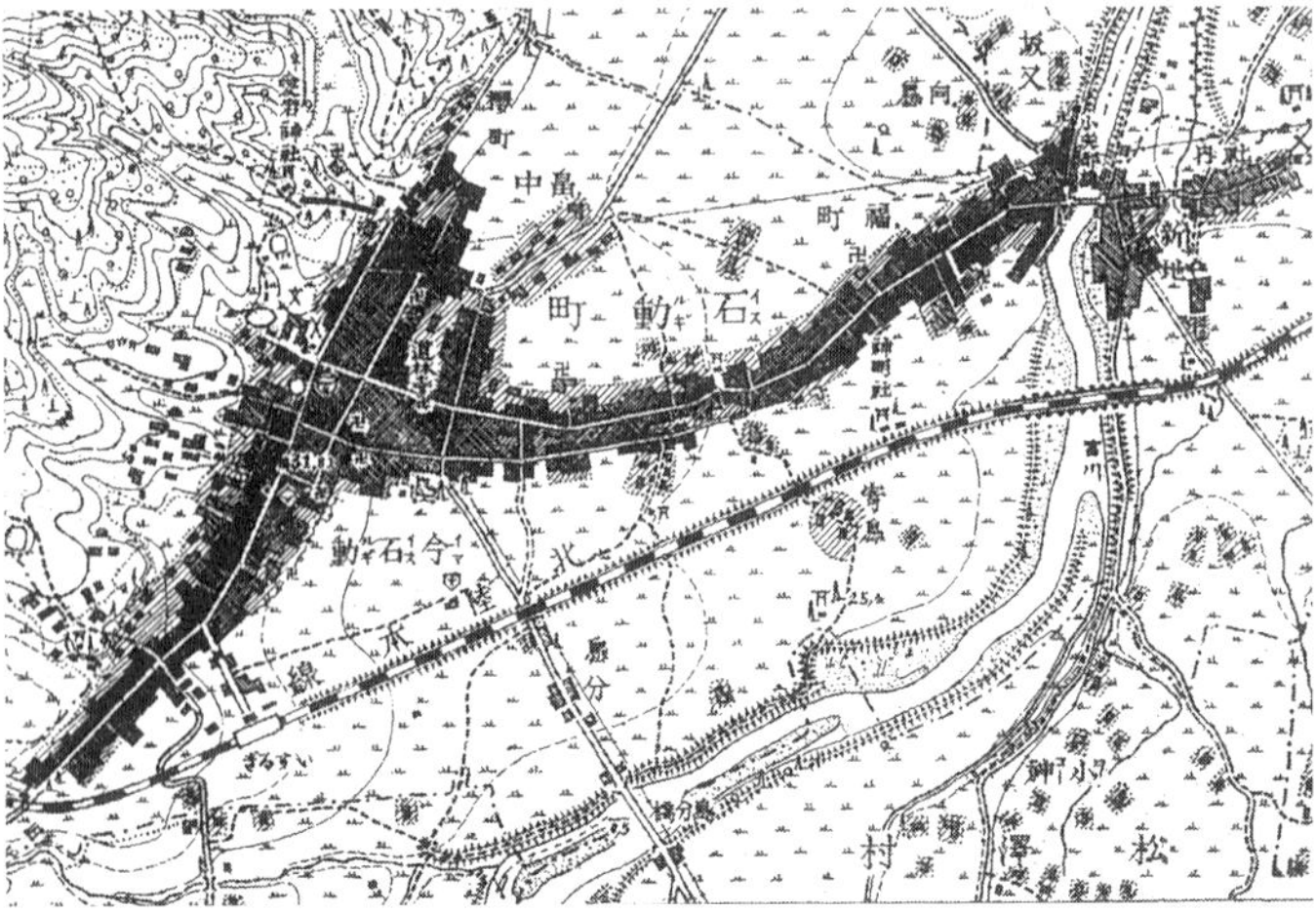

今石動町（明治四二年測図・二万分の一「石動」より）

一　百石　貯用銀才許人どもへ指し預け、定
　　めの利足取立て申すべき事
一　百石　宿中困窮救い方のため年々除け置
　　き候条、諸割符取立て方様子申し
　　聞くべく、時々指図に及ぶべき事

一か月「七朱」＝七%、年利八十四%の高利で分限者に貸し付け、その利足で五百石の返済に充てるという計画。水上一久氏の研究[*4]によれば、「実施三年にして、年々の貸米代利殖が到底狭隘な石動の経済圏では賄うことができず、その運営の効を見ることができなかった」。町役人の留帳に「ほどなく三ヶ年の間にあい衰え、銀子お貸付の元銀取り失い、以後全く返上の儀おぼつかなき体にあいなり、またまたお願い申し上げ云々」とあるという。貸し渡された五百石の米は古米であったとい

うから、売り捌きに難があり、売価も不安定になるのが失敗の一因だろうと水上氏は指摘する。

　町の分限者への貸付事業が失敗したといって五千石貸米仕法の中断もならず、藩の算用場の引き請け（責任）で金沢町会所に御貸米五百石の代銀を預託、今度は家中の諸侍に対し、月一分（十％）の利足をもって貸し付けることになった。貸した翌年から五年間は利息だけを納め、元銀は六年目から二十五年賦という条件であったから、なんとか利殖の道はついていったようで、寛政十一年に七ヶ年の年賦期限が来たが、それ以降は年二百石の返済で二十五か年賦に切り替えられたという。

　この御貸米のほか、もう一つ、町再建の企ても実施されていた。加賀藩の専売である塩の代銀は今石動町奉行が裁量して今石動・氷見・城端の三町から集めているが、金沢へ送金するのを五か月待ってもらい（「淀み」と称している）、その「銀百貫」[*5]ほどの金で繰り綿を購入、木綿織の収益をあげて宿続きに充てようというもの。町奉行はその段取りを細かく指示している。[*6]要所を抜粋して紹介しよう。

「綿仕入れ人より打綿屋へつかわし、重ねて打綿とり揚げ置き、毎月一日・十日・廿日に町々家高に応じ組合頭へあい渡し、役かなに申し渡し候条、毎日家一軒に一かな（木綿糸のこと）ずつ、懈怠なく挽かせ申すべく候」

「右かなあい捌き候は太物目利き人申しつかわし、竪横の差別、かなの善悪あい選ばせ候上、紺屋へ通いをもってあい渡し、染め出来しだい右仕入れ人請け取り、下役へあい渡し、一機みな続きの図りいたし、それぞれ機屋へあい渡し申すべく候」

「機屋一軒より毎月二タ機ずつ出来いたさせ、この上あい増し出来の儀は、人々勝手次第、ずいぶん入情いたすべく候。もし格別織り上げ候者これあり候は、追って褒美とらせ申すべく候」

「機屋は組合頭よりかねて人々器量書を取り置き、寄合所へ直々取り渡し申すべく候」

「右木綿、毎月一日に太物目利き人ならびに右主付け三役人罷り出で、値段位付けいたさせ、現銀延べ代銀あい極め取立て、仕入れ人ならびに算用聞相対をもって、当分算用聞方へ預け置き申すべく候」

「六ヶ月目に右仕入れ御塩代銀取立て上納の節、一か月切りの御塩代銀、根帳本勘を遂げさせ、主付けの三人加奥書出し候は、与力見届け、銀高ならびに年号朱点懸け、産物方御用長持へ入れ置き申すべく候」


今石動町は周辺に八講田村・五郎丸村などの苧麻布産地があったので、江戸初期から布商いが盛んであった。元禄期にそれらは衰微したというが、寛政期のここにきて「宿続き」として先染め布織業を町奉行は再興しようとしたのである。その資金として塩代銀の上納猶予という手段を用いるのは藩にとっても苦しいことであった。参勤の江戸表で滞在費がかさんで、藩は月一分五朱（十五％利足）の借銀をしたが、その六ヶ月間の利足銀は「この御不益、なかなか百両二百両にてはこれなく」[7]と算用場奉行に言わしめるものであった。しかし、町奉行らの運動によって、五か月上納猶予は五カ年続けられ、町の木綿縞織業は「幼少の者に至るまで習い覚え、女子供や後家などにまで稼ぎを与えることとなり、これが宿役と生活の根源となった」。寛政十一年の年賦期限となって、さらに永く延長されている。

先の十カ年五百石貸米の「諸侍」貸付の方は、はじめのうち順調に利息の支払いがあったが、寛政十年以降とどこおり勝ちになっていた。困窮する武家にとって月一分の利足は高いので年八朱＝八％に下げるように金沢町会所が要求してきたが、低すぎるとして反対し、金沢町会所を通さない、今石動町独自の宿用銀仕法を翌年に提案している。藩が返済をさらに十ケ年賦に切り替えてくれたため、用意していた返済金四十五貫を藩の産物所に預け、それを基金に利子の運用をするという仕法。

遠田今石動町奉行は城中で面談した算用場奉行らが「かねて石動仕法は宜しき由、承り及びそうらえども、右様の取り計らいとは思いもよらず感心いたす、右はかねてお咄の石原栄次郎とやらの仕法に候や」と尋ねたというから、木綿織仕法を含めて藩で評判になっていたことが分かる。寛政七年の参勤交代に際し、千五百人の宿を引き受けられるまでに町は復興していた。今石動町奉行「附与力」石原栄次郎の次なる企画仕法[8]は以下のようである。

一　四十五貫三十九匁六分　寛政十一年宿方仕法末残り銀
内　二十八貫三百三十九匁六分　一ヶ月百目に八朱の利足で産物所へ指し預け置く
内　三貫三百三十九匁六分　役用銀返上銀
残した二十五貫目　この利息をもって産物関係役人ども勤め方増料　町肝煎料

研究者・水上一久氏は町年寄五名の願書から「数百人の者日用をあい送り、宿役などもいささかの差し支えもなく、ただ今にては先年八講布仕入れにもあい劣り申さず」を引用した上で、「しかしながら、先の貯用銀産物銀入れ払い仕法において、多少の余裕があればただちに町役人勤め方増料を考える点にも見られるごとく、この仕法を通じての重点が総体的に特権町役人層におかれていることを見逃がしてはならず、藩権力と結び合った彼らの財政的弥縫策にほかならなかった。」[*9]と、ずいぶん否定的な評価である。筆者にはそれが弥縫策とはとても思えない。藩の貸銀や貸米の返済は無利息・十五年という長期年賦が原則で、町宿の方もそれに応え、富裕層が最期責任を負って長期の仕法維持を図ろうとしている。「互酬」というべき対応関係で、「連帯経済」の条件として十分であろう。

報酬については、町役人たちがどれほど精力を傾けたものか、想像しなければならない。町の誰かに貸付を引き請けさせるには当商いにプラスになる策を提案してやるほどでなければば応諾は得られないもの。そうやって得た貸付の、その取り立ても難しい。うまく回らなくなった商いにとって資金繰りの根金がどれほどなのか見当が付けられなければ、取立てられない。木綿織の仕法も織りの目利きが要めで、それに狂いが生じると全体の流れが滞ること必至である。いくつかの要点に目配りしていく苦労は並大抵でない。訴えに耳を貸し、走り回り、気配りの労を取っていくことは報酬に値するものである。

馬借銀の活用に、田を購入し、米作によって利益を出そうとする事例がある。佐加野宿では文化三（一八〇六）年に藩から産物銀二十貫目を十五か年賦・月利七％[*10]で借用し、それを

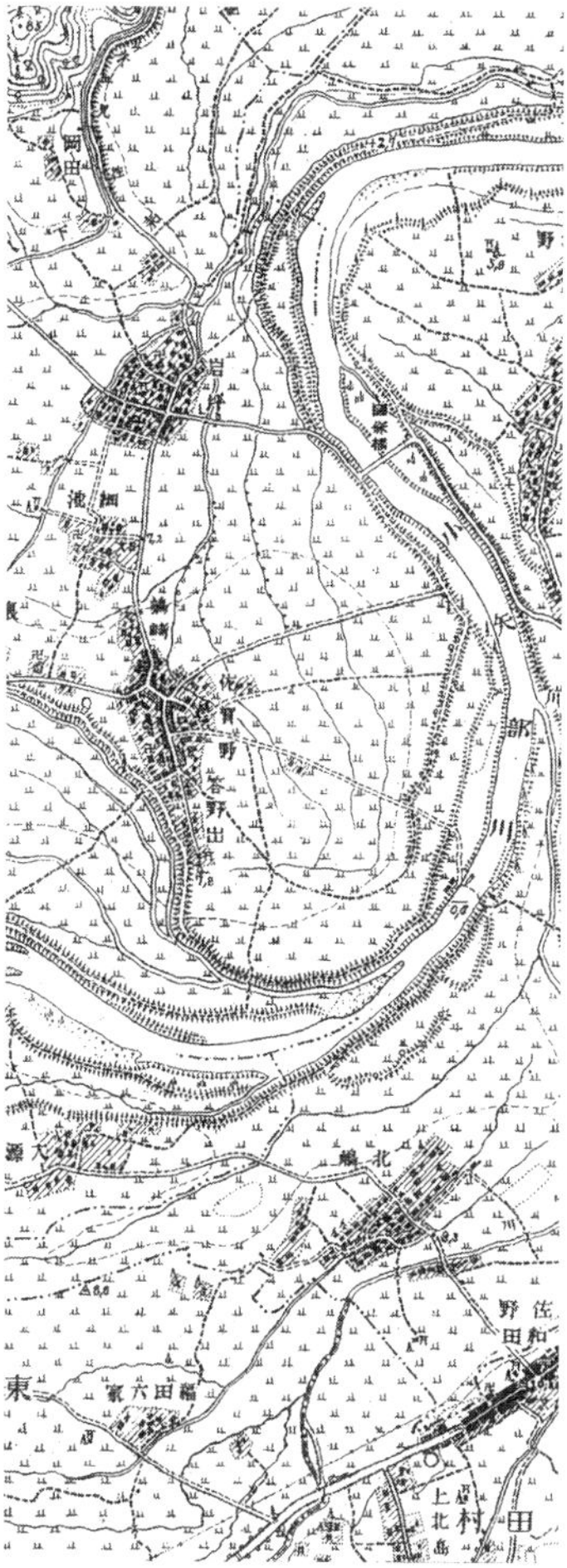

佐加野宿（明治四二年測図・二万分の一「佐加野」（70％縮小）より）

分限者に月利十%で貸し付け、その利子で駅馬の維持に充てていくことにしたが、文政元（一八一八）年になって近くの岩坪村で草高五十二石の田を購入[*11]、その作米の代銀も充てるやり方となり、その翌年にはさらに嶋野開村で草高十四石の田、翌々年には佐加野・加島新村でも草高十九石の田を購入、併せて八十七石の田を所有して宿続ぎ仕法の基金としている。

下村宿でも文政九（一八二六）年に七百石の宿続ぎ貸米を藩から受けて、三百十七石は月利一歩一厘で近くの「東老田・願海寺・東津幡江・野々上・八講開・水戸田・利波」の七村に貸与、その利子で十五か年賦の返上米をつくり、百石は当村の草高二十四石に相当する田を購入、その作徳米でもって駅馬の維持に充て、残り二百八十二石は宿御用を勤める全戸に分配するというやり方であった[*12]。

馬借銀を最初に貸し付け事業として展開した高岡町のことは先述したが、文政四（一八二一）年に至って大火に見舞われ、二千三百軒を焼失しただけでなく、三年後、加賀藩最大の米売買の場であった高岡米会所が藩の方針で閉鎖され、町として破滅的な窮乏に陥った。町奉行は、高岡の駅馬維持費の一部にしてきた綿綿の売買口銭を増大させる案、綿綿の藩内専売権を高岡町に特許すべしと請願、決断を得た。文政七年十二月のことである。綿綿市場と玉綿市場を分設し、諸規定を調え、管理者を選任し、当業者七人を備後福山へ派遣して実地を視察、取引方法の改善を図った[*13]。これ以後、高岡は見事に再建を果たす。高岡町人の努力によって、新川郡における木綿布生産は幕末に至って日本一となる。

以上が宿続き銀と馬借銀に関する江戸期の史料である。嘉永元（一八四八）年、魚津町の米商・山澤家の「宿役万雑」に関する史料[*14]に「日銭残取立て入払　町方等貸付銀等取立入払主附」という肩書のある人物が出ている。一文一日積み立ての取り集め人なのであろう。元禄期の条規では根金が三十貫目を超えたら毎日の一文銭の積み立ては止めるとなっていた。それは仕法の永続を藩は見込んでなどいなかったという、先述の木下氏の言「臨時的な御救い」を示すものかもしれないが、根金が細ってきたらその積み立てを再開して維持を謀ってきた町役や町衆で、彼らには永続の志向があったことを示すものでもある。新川郡のいくつかの町でも仕法が持続されていることは確かである。

＊1　『富山県史　通史編Ⅳ　近世下』四一七頁。「上前口銭は商い荷の駄賃の中に含まれ、距離に関係がなかった。上前口銭は町役人が管理し、一部は馬肝煎など馬借関係の給銀として支給され、残りは馬数に応じて馬持ちたちに支給され、馬の飼料代などに充てられた。たとえば丑年の上前口銭四二〇匁四分九厘は、馬肝煎給銀六六匁六分、荷指給銀五六匁二分五厘とし、残り二九七匁六分四厘が馬持たちに配分された」と記す。

＊2　『富山県史　通史編Ⅳ　近世下』四一八頁。前頁には井波町の諸産物への上前口銭一覧表が文政（一八一八～四三）年間のものとして出ている。

＊3　『富山県史　史料編Ⅳ　近世中』九一〇～一一頁

＊4　水上一久「加賀藩の蔵宿2」（富山県立図書館製本）中の「寛政年間越中石動宿における宿続仕法」一九七五年

＊5　『小矢部市史　上』昭和四六年刊・三八八頁に「当時、今石動・氷見・城端三町の塩代銀が年間銀百貫に達するので」

という記述がある。

＊6 『富山県史　史料編Ⅳ　近世中』九一一〜一三頁
＊7 『小矢部市史　上』昭和四六年刊・四〇〇〜〇一頁に記載。
＊8 水上一久・前掲書一九七五年・16頁
＊9 『国吉小史』一九六六年刊・四四一頁。「文化三年亥十二月　産物御拝借銀年々元利返上幷貸付指引帳佐加野駅」
＊10 『国吉小史』は「七朱」をカッコ内で「一貫につき七匁」とするが、百分の七、つまり七％の間違いである。
＊11 『国吉小史』一九六六年刊・四四二〜四頁
＊12 『下村史』（一九八六年刊）二二九頁。
＊13 『高岡史料　下』三八二〜九二頁
＊14 四十物屋文書「旧記　記置帳」（山澤長九郎家）

除け銭仕法と連帯

戻って、宿続き銀仕法がスタートした元禄十年から十三年後、宝永七（一七一〇）年十一月、滑川の町役から出された一つの願書[＊1]を見てみたい。この史料には当年の滑川町全体で六八一軒、浦方は一〇七軒とあり、後年の別史料に「元禄の度」の浦方が「三七戸」とあるのを見れば、戸数が三倍に増加していることが分かる。加賀藩で言う「走り人」逃散も、元禄以降、新川郡では多くて三〇〇人ほどに収まっている。[*2] 宿続き銀仕法のお陰でもあろう。先の願書の核心部は次のようである。

「滑川入りご給人様米、旅人ども二重俵につかまつり候義につき、当夏、日用頭ども四歩市屋四郎兵衛方へまかり越し申し候は、跡々より私ども二重俵四歩宛てつかまつり候間、左様につかまつりたき旨申し候…」

滑川の御蔵米を購入した他国の船人たちが二重俵に改めているので、自分たちがそれを一俵「四分」で引き受けていきたいと日用頭たちが申し出た。四分は「銀〇・四匁」、銭二七文くらいに相当。浦肝煎の四郎兵衛は、彼らの骨折り分として「銀子または縄俵少々とらせ」たという。その時、町の組合頭・上濃屋惣四郎が、町の肝煎たちは「縄俵三歩」をとらせたらと申していると発言。四郎兵衛はそれなら「二歩は日用に、二歩は日用頭、都合四歩」だすべきだと申すので、肝煎たちで相談をしてその通りに決めた。ところが、今般、縄俵四歩のこらず日用頭につかわすように肝煎たちは聞いた。日用頭から願いがあったのかもしれないが、右の仕合は心得難いとして、町役たちの言い分を次のように続ける。

滑川町の日用頭は、先年仕様が悪くて日用人どもに迷惑をかけたので、肝煎たちと相談人(町年寄)が相談して、日用頭立代を二人にしたら、仕事に手間《てづか》えもなく数年勤めた。すると、やとわれた者どもが残らず日用頭になって、下役人も多く出来て、日用人たちがことのほか難儀した。その上、右の者どものいたし様がよろしくない、立代と日用頭の両人を立てたい。また、先の「縄俵」は、一分五厘は日用頭に、二分五厘は日用人の助成ということにしたい、と。

雇われた者が残らず日用頭になった——とても興味深い文章である。これは、労働者が「二

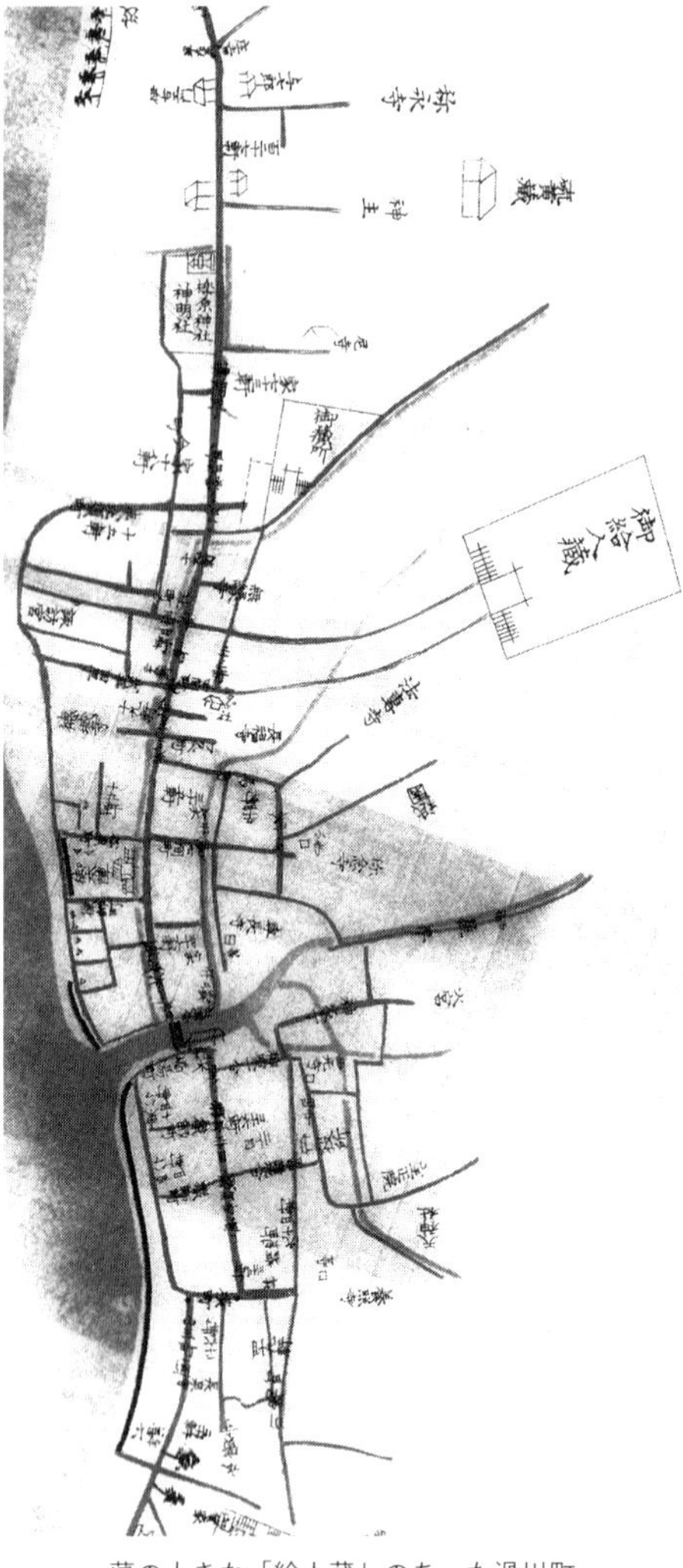

藩の大きな「給人蔵」のあった滑川町
（天保12年の絵図）

重俵装」を請け負うことを始めて、労働者が経営者にもなったという事実を表現するのかもしれない。つまり、日用人たちが単なる米担ぎ人ではなく、二重俵装を請け負う生産協同組合のような組織を成立させたということではないか。前段の方で町役たちが「二歩は日用に、二歩は日用頭」と配分を決定したのに、「四歩のこらず日用頭に」と日用頭が反対したことが記され、町役たちがコントロールできない組織に発展していることが推察される。ことのほか難儀したのは日用人たちでなく、実際は雇っている側が、自分たちの思うように動いてくれないという難儀にあっているのだ。町役たちが生産協同組合をコントロールできるようにする必要が出てきたであろう。

次のような提案を町役たちがなして、受け入れられている。近年、日用人どもは困窮していて、毎度、春の内に飯米などを借りて難儀しているので次のようにしたいという。

「右縄俵、日用中へとらせ申し、助成銀、預銀につかまつり、只今下値なる米あい調え、春中飯米にいたさせ、米等も借り申さず、末々過分の助成になり申す義にござ候につき、その段、日用中へもあい聞かせ、組合頭中にて右の米、あい調え申すはずに相談仕置き申し候」

二重俵にする手間賃を一俵四分として、そこから二分五厘（銭一七文）は日雇い人の預銀として除けて積み立てる。毎年、春になったら米などを借りて歩く彼らのため、新米が出廻ってまだ安値の今の内に米を買っておいて、春が来たらその米を渡していこうという。町役たちが仲仕たちと連帯しようとする姿に見えるが、それは半分の真実であろう。この仕法が実施されれば、米の共同購入として展開するであろうし、ほかの必需品、味噌や漬物などの共同購入にも結び付くに違いないが、生産協同組合として自立しようとした労働者たちが、町役たちによってその主体性を奪われ、当事者ではない町役たちによる生活協同組合の発現を許したというのが半分であろう。二重俵装の手間賃の価格決定は、生産協同組合なら労働者側に保持されるが、町役の差配する生活協同組合を受け入れれば、価格決定はやはり町役たちの手に握られるのである。願書の書き手は町の組合頭と町年寄たち。

「右申し上げ候通り、憚りながらお窺いなされ、私ども願いの通り仰せつけくださるべく候

宝永七年十一月十日　　組合頭　四郎兵衛

同　宗四郎

同　三郎兵衛

同　七兵衛

相談人　九郎兵衛

同　九郎右衛門

同　次郎右衛門

黒崎村　三郎兵衛殿

黒崎村（現富山市）三郎兵衛は新川郡十村。一連の文章によって町役たちと日用人たちの議論によって仕法が作られたことが分かる。一俵「〇・四匁」、二俵一石で「〇・八匁」という

江戸期の「蔵屋敷米出しの図」（鈴木直二『徳川時代の米穀配給組織』一九三八年より）

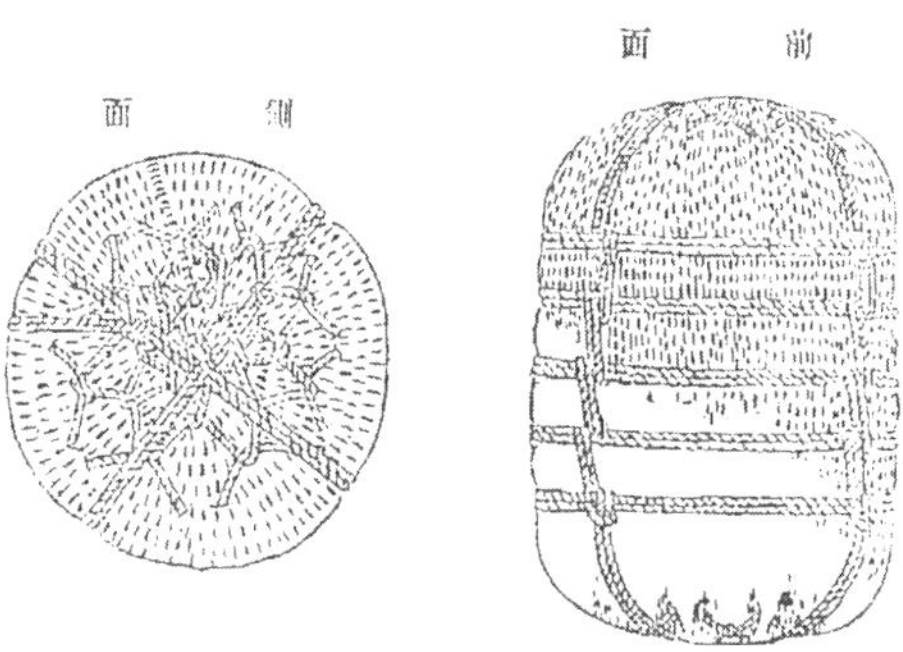

輸出米俵装（『富山県米穀検査報告書』明治四〇年より）

額は、米一石が三十二匁という記録がある時だから、米一石の価の二・五％に当たる。米そのもので言えば「二升五合」。大坂に着いた加賀米を蔵屋敷まで運び賃は「石につき一合五勺」という記録[*3]があるから、背に担ぎ運ぶよりよほど手間賃は大きい。加賀藩のような五斗（七十五キログラム）一俵では少し持ち上げるだけでも大変で、これを持ち上げ気味にくるくると足先を遣いながら縄掛けする俵装は腕力とかなり高等な技術を要する。担ぎ人たちはネズミ害を受けたり、運び損じて傷んだ俵の修復には手馴れている。力さえあれば誰にもできるとされてきた俵担ぎ人だが、俵装人を兼ねることになって技能を要する仕事であることを内外に示すことになったであろう。手間賃がけた違いに増えることをもって、労働者たちは生産協同組合的なるものを手放してよしとしたわけであろう。

当時の労働現場のことを想像するために、江戸期から明治初期にかけて日本を訪れた外国人の観察記を網羅した、渡辺京二『逝きし世の面影』を見てみよう。日本人の労働現場についてある共通の感想がそこにならんでいる。たとえば、一八七七（明治十）年、生物研究のために来日したアメリカのモースは、上陸した横浜で次のような光景[*4]を目撃した。

「運河の入口に新しい海堤が築かれつつあった。不思議な人間の杙打ち機械があり、何時間見ても興味がつきない。足場は藁縄でくくりつけられている。働いている人達はほとんど裸体に近く、ことに一人の男はふんどし以外には何も身につけていない。杙打ち機械は面白く出来ていた。重い錘が長い竿に結びつけられ上方の滑車を通っている縄を引っ張るのである。この縄を引く人は八人で円陣をなしていた。変な単調な歌が唄われ、一節の終りに揃って縄を引き、そこで突然縄をゆるめるので、錘はドサンと音をさせて墜ちる。すこしも錘をあげる努力をしないで歌を唄うのは、まことにばからしい時間の浪費であるように思われた。時間の十分の九は歌を唄うのに費やされるのであった。」

　これと同じような光景をモースは日光の旅でも見た。労働者が大勢で巻揚げ機をまわして材木を吊り上げていたが、いたずらに合歌を怒鳴るばかり。別の場所では労働者たちが二重荷車を引っ張ったり梃子でこじたりしていたが、「群を離れて立つ一人が音頭をとり、一同が口をそろえて合掌すると同時に、一斉的な努力がこのぎこちない代物を六インチばかり動かす」[*5]という。ほかの外国人にも多数の同じような観察がある。著者の渡辺京二氏は次のように解説[*6]している。

「モースは、明治十年にはまだそのまま存存していた徳川期日本人の労働の特質を目撃したのである。（略）集団労働において、動作の長い合間に唄がうたわれるのは、むろん作業のリズムをつくり出す意味もあろうが、より本質的には、何のよろこびもない労役に転化しかねないものを、集団的な嬉戯を含みうる労働として労働する者の側に確保するためであった。つまり、唄とともに在る、近代的観念からすれば非能率極まりないこの労働の形態は、労働を賃金とひきかえに計量化された時間単位の労役たらしめることを拒み、それを精神的肉体的な生命の自己活動たらしめるために習慣化されたのだった。」

地搗きや材木の巻揚げや重量物の運搬などといった集団労働に、音頭取りが登場するのが日本の特質であった。労働を賃金と引き換えと割り切ってしまえば、さまざまな仕事の多くは「何のよろこびもない労役に」なってしまう。それを集団的な「嬉戯」を含んだものに作り替えてきたのは、おそらく中世以前に遡る人たちである。しかし、仕事は集団労働ばかりではない。本書でとりあげている俵担ぎは、単独労働。多数の俵担ぎ人が動員されるが、米俵は一人一人の肩が担う、船相手だから時間的制約があって休み休みというわけにいかない、連続仕事となりやすい仕事。それでも一俵かついで何銭と、単純な計量賃金にならざるを得ない。彼らを雇う移出商や、賃金を取り決める町役たちには、それを気の毒に思っていたふしはあろう。

もちろん、米俵担ぎ人たちに「嬉戯」を入れる余地が全くないかと言えば、断言はできない。モースが北海道の小樽で帆立貝の行商をする老婆を観て記している。老婆は天秤棒で帆立貝を担いでいるが、モースがそれを持ち上げようとしてもどうしても上がらぬほど重かった。「この小さなしなびた婆さんは、すでにこの荷物を一マイルかあるいはそれ以上運搬したにもかかわらず」、天秤棒を静かにかつぎあげ、「続けざまに商品の名を呼ぶ程、息がつづくのであった」という。[*7]米俵担ぎ人たちが背に担いながら歌を唄っていたことはあるかもしれない。そうであっても、重荷を担いながら唄うという気の毒さは残る。

原資提供・一日一文積み立て・貸し銀という藩考案の仕法を受け入れる町役たちだが、一方、町役たちは除け銭という新仕法を企画実行していく。

先の魚津・山澤家の嘉永四年の「覚」[*8]に「縄俵の儀」という語句の出る史料があり、短文なので解釈がむずかしいけれど、これに関連すると思われる。滑川町と並ぶ宿続き銀仕法の対象となった町に同仕法が拡がったようである。新川郡は一体的な特色を得ていくようだが、今のところ、実施中と明確に分かる江戸期の史料は見つかっていない。明確になるのは一八七六年（明治九年）の史料[*9]である。

「滑川町ならびに同浦方輸出米賃銭のうち、小前の者ども除け銭の義は、双方、従来通り取扱い申すべき事」

輸出米賃銭、除け銭という語句が使われ、二重俵手間賃除け銭仕法の変形であると推測できる。輸出米は明治以後も特別俵装が続くのである。日用人たち救い方仕法が一六六年つづいていることを確認する。詳しいことは、別の章で再度、取り上げる。筆者が前著で犯した間違いがこの仕法の存在を推察しなかったことなので、そこできちんと説明をし直したい。

＊1　『滑川市史―史料編』八二頁・一九八五年刊
＊2　「新川郡など走り人々数書上」（『滑川市史―通史編』二七六頁・一九八五年刊）
＊3　『近世の大坂』「第二章　加賀藩の蔵屋敷制度」の中、三七頁
＊4　渡辺京二『逝きし世の面影』葦書房・一九九八年、一九六頁
＊5　前掲書・一九六頁
＊6　前掲書・一九七頁
＊7　前掲書・二〇二頁
＊8　四十物屋文書「旧記　記置帳」（山澤長九郎家）
＊9　「明治九年八月　宿浦合併につき定約書（写）」（『滑川市史―史料編』五〇三～六頁・一九八五年刊）

（といわれる）

第二章　置き米仕法の創始

「越中滑川之大蛸」（『日本山海名産図会　巻之五』宝暦四年（一七五

米価高騰と米市場

元禄三年の米留め騒動では、首謀者と見なされた町人二人は磔の刑に処せられた。被治者は縮こまるしかないが、それでも米価高騰という事態はやってくるし、命の不安に駆られて民衆はまた声を上げてくる。藩と町人の中間にいる町年寄たちは、藩に頼らない解決法を編み出すほかかない。米留め騒動から二十七年後、加賀藩領の越中滑川町において、米価高騰に対する、唯一と言っていい対応策が考え出される。今度こそ、民衆が価格設定する策であった。

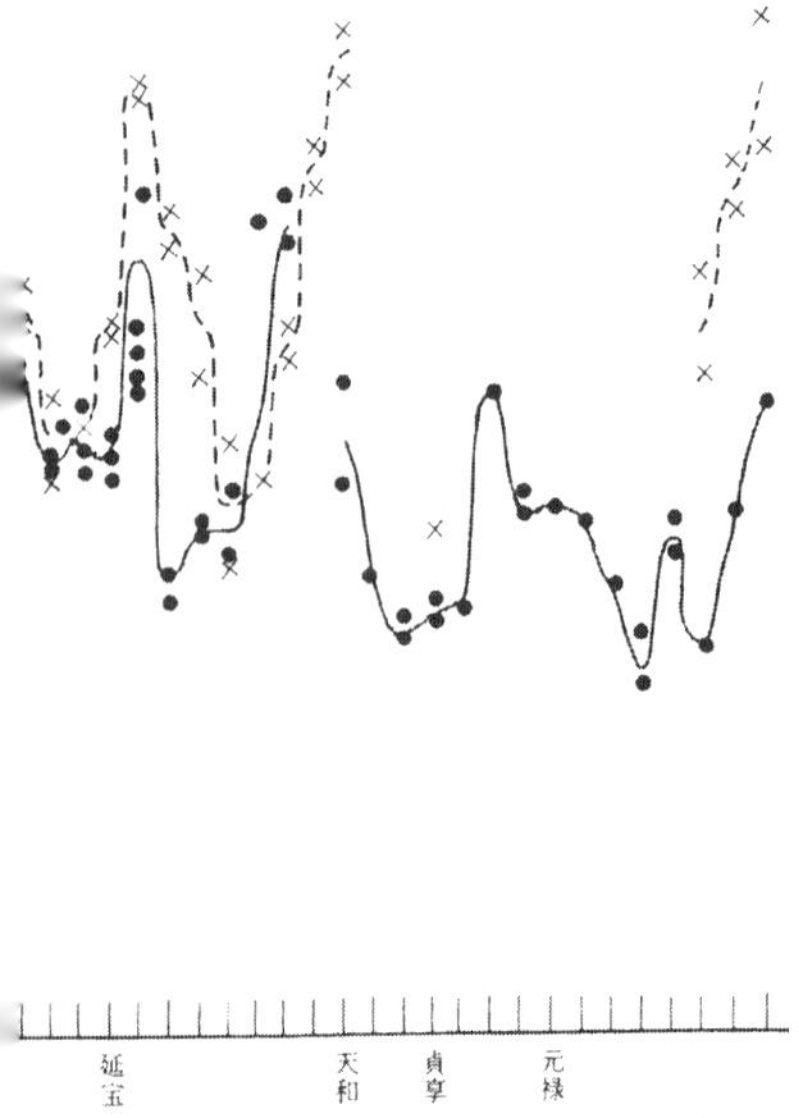

一七一七（享保二）年正月に滑川町の町役十四人が会合を持ち「置き米仕法」を制定する。米価高騰や不穏の気がなければ生まれない仕法なので、前年の享保元年（正徳六年）

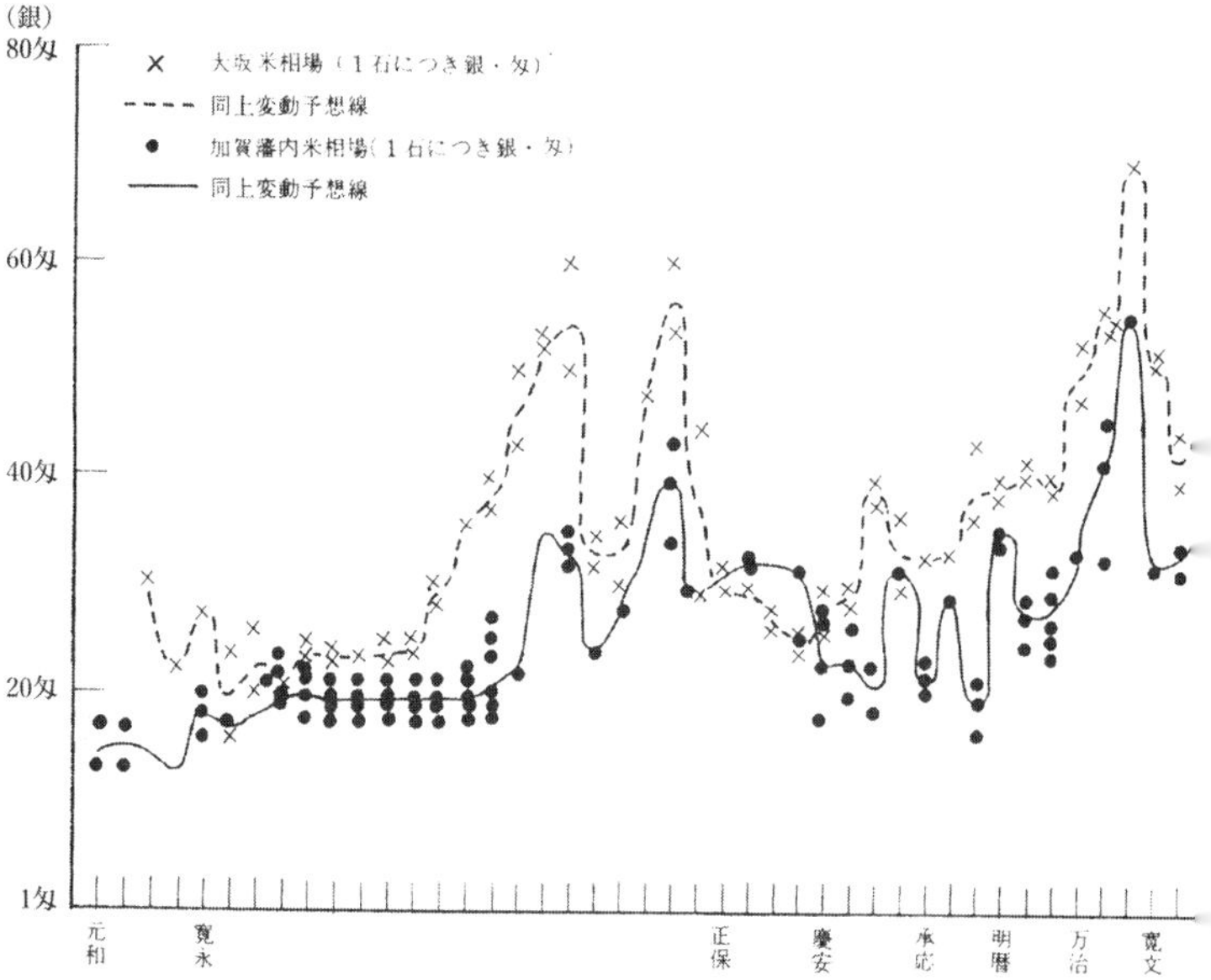

「大坂と加賀藩領内の米相場」（高瀬保『加賀藩流通史の研究』一九九〇年。桂書房）

の状況を確かめていこう。まず、全国的な高騰であったのかどうか。高瀬保氏は『加賀藩流通史の研究』[*1]において、大坂と加賀藩内のコメ相場を同じグラフ上で示し、次のように述べる。

「図で承応（一六五二〜）以前は地方米価と上方米価の関係は薄いように見えたのは加賀米は敦賀・小浜経由で大津に廻送されたが、大坂市場は必ずしも北国市場の大津・敦賀・小浜などを包含していなかったからであろう。これに対して承応二〜三年以降にみられる両者の連動は、寛永十五年の加賀藩による「西廻り航路」の開拓、正保四年（一六四七）以来

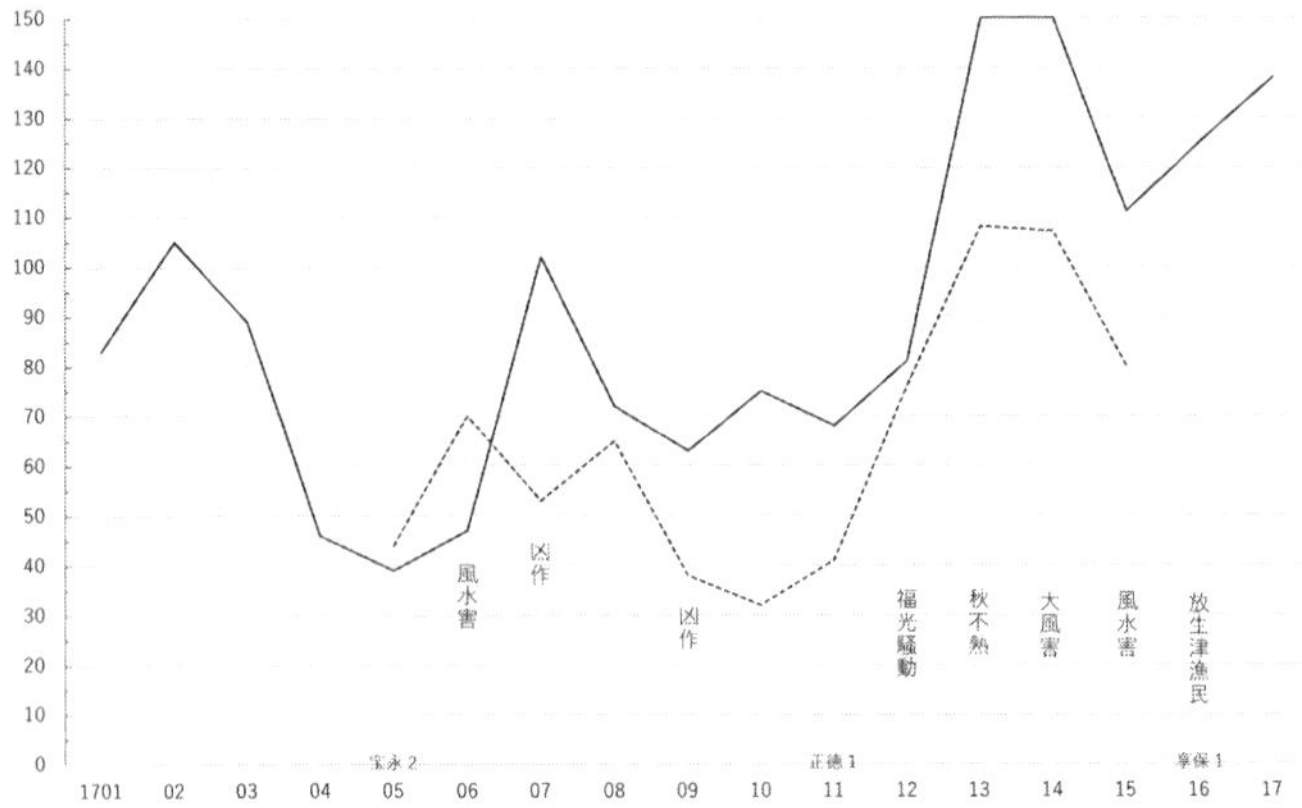

実線は全国米価、破線は加賀藩米価

の上方船による同航路を利用した大坂廻米の固定化により、従来敦賀・小浜・大津の果たしていた役割を大坂が吸収したことを示す。つまり、寛永以来、正保・慶安期を経て承応期に至り、上方の米相場が加賀藩領内に貫徹し、加賀藩領内が大坂市場に組み入れられたことを意味するのである。…」

金沢の方が高米価である延宝末年は加賀藩内の凶作によると引用部に続くところで高瀬氏が断っているように、地方だけが高騰することはあり得るので、大坂と金沢が価格差をもって元禄期まで価格連動していると考えていいと思われる。

元禄末から享保まではどうであろうか。大坂米価の分かる元禄十四年から享保四年までの推移に、高瀬氏作成の加賀藩米価史から同時期のものをひろって重ねると⇧のような図になる。宝永元年と二年は大坂米価を加賀藩米価が上回るなど、十年間に三〜

四年の地方独自的な変動が存在するので、江戸期全過程が連動していたとするわけにいかないが、正徳二年から享保元年にかけての高騰は全国的な傾向と認めていいのであろう。

しかし、年次データが得られる三十四地方の米価の対前年変化率について、二地方間の価格相関係数をすべて求められた宮本又郎氏の研究[*2]があり、越中は「一七四〇〜一八一七年」は「〇・三二〇」という数字で「三十二位」と出ている。越中や加賀は地方独自の米価市場を形成することが多かったと見た方がよいのであろう。「一八一八〜一八五九年」になると「〇・六五七」と倍増の相関係数となり「十七位」に躍進するので、江戸後期には大坂を中心とする米価市場によく連動し始めたといえるようである。

では、正徳年間の全国的な米価高騰の原因は何か。幕府による正徳の貨幣改鋳は品質・量目は変えていないのでそのせいではない。元年が「諸国七八分の作」、三年が「関東奥羽飢饉」という災害のためというほかない。正徳元年の四年前に富士山の大爆発があり、その影響が強く残っていると考えられる。

越中新川郡（加賀藩）の滑川港においては、全国的な高騰に加えてこの時、次の二つの高騰原因があると推定される。

一つは享保元年が「秋不作、海大荒れ」であったこと。

一つは、藩から臨時の大坂廻米の要請が滑川港にあったと推定されること。

それぞれ複雑な背景があるので、項を分けて記そう。

＊1 高瀬保『加賀藩流通史の研究』八六頁、一九九〇年、桂書房
図 大坂米価と加賀藩米価の推移
＊2 宮本又郎『近世日本の市場経済』一九八九年、有斐閣

「不作・不漁」による不穏の気

まず、不作の事実について。『新湊市史』[＊1]に引用される「専念寺過去帳」に、享保元年は「二・三月　海大荒れ出猟できず。四・五・六月　不漁。秋不作、物価高騰す。十月十日、海大荒れ、漁船の海難あり、海死をだす。十二月一日、大高瀬あり、被害甚大」とある。他史料[＊2]に十一月二十九日、「東岩瀬」において「付近の海中に海嘯起こり、家屋九十一戸倒壊せり」、十月一日には富山湾東端の泊町において「大海嘯、全戸流失」とある。

《大高潮》《海嘯《かいしょう》》はおそらく現在は「寄り回り波」とよばれる、富山湾特有の高波のことであろう。放生津《ほうじょうづ》や泊町など加賀藩域だけでなく、越中の真ん中域、富山藩の史料[＊3]にも「秋雨

多く凶作」「雨多く銀十貫目免除せらる」と出てくるから、県内全域で秋不作だったのは事実であろう。

気になるのは『新湊市史』が、享保元年「前後にない大荒れの年となり、また大不漁の年」「放生津浦の漁民義人伝として有名な事件に発展」「この発端は十月のころからであったと伝えられる」と記すことである。

大荒れ、大不漁は米不作と重なって、漁民たちをたちどころに困窮に陥れよう。後世の米騒動をみると、騒ぎの中心にいるのは漁師とその妻たちである。昨秋以降、富山湾岸のどの港町にも不穏の気配がみなぎっていた可能性がある。当時の漁師たちの暮らしぶりを知る必要があろう。

加賀藩では加賀・能登・越中の浦々でとれた魚の一定量を毎日毎日、金沢にある六軒の魚問屋に集めさせていた。善美な魚を選んで藩主や多数の武家たちの御膳をまかなうためであり、徴税の便のためである。六軒は「殿様御為に」「御家中下々どもくつろぎに（安価に）」販売した残りを、六〜七％の口銭を加算した値で地方の魚問屋、越中は高岡、能登は所口（七尾）、加賀は小松・宮越に設けられた各一軒の魚問屋におろす。魚の振り売り人や店売りの魚屋はその地方魚問屋から鑑札をもらって仕入れ、商いする――。

口銭を課せられるのは全魚ではなく、屑物三品と称されたイワシ・小アジ・イカは金沢に

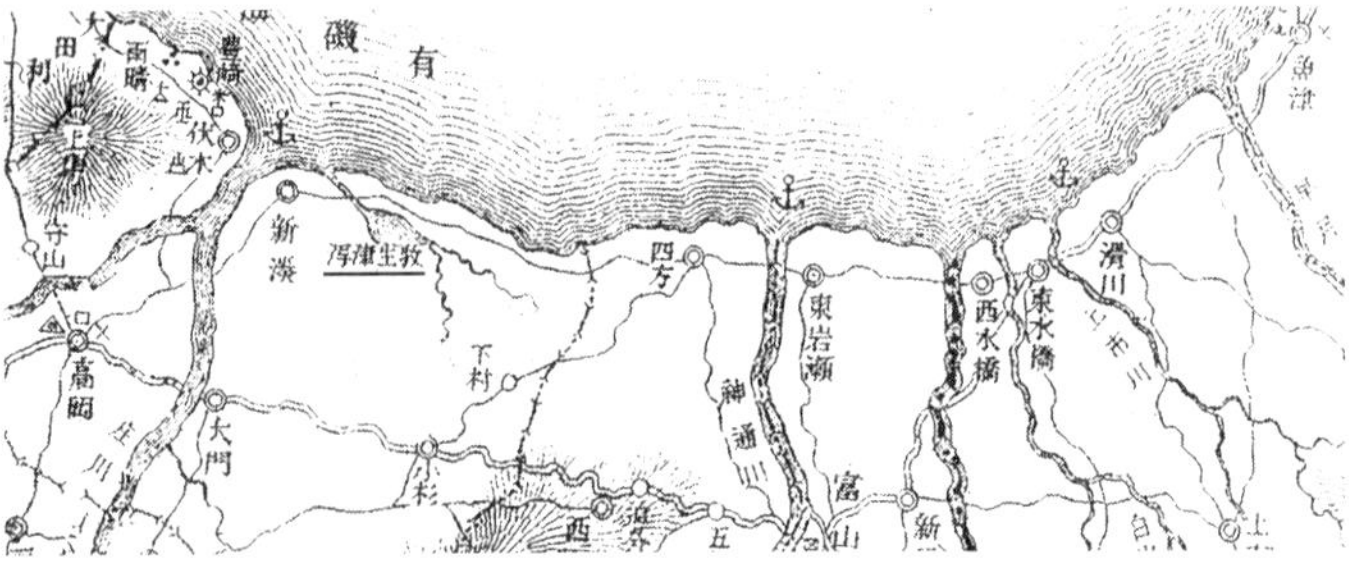

「魚津・滑川」と「放生津」の位置関係
（「越中国略図」明治三十三年『越中名勝案内』付図）

送る必要はなかった。口銭は上等魚・大魚は六％、下等魚・小魚は八％と二通り[*4]があった。

生魚であるから、金沢「登せ魚」の輸送は一刻を争った。とくに新川郡は金沢から遠く、「夜中も急に指し遣わ」すが、夏においては腐ってしまうので、金沢ではなく富山城下町で売ることも認められた。つまり、右の魚々についてはその全量を金沢に送るのではなく、地方魚問屋にて、金沢登らせ魚と地元消費の分を仕分けられた。例えば高岡町の地方魚問屋は越中の各浦々から集まった魚について、金沢に登らせる上等魚を選んだ後、砺波平野に散在する「城端・福光・井波・石動その他の町」に運ぶ分、高岡町で売る分を仕分けていた。

正徳五（一七一五）年十月十七日、金沢の中央魚問屋から町奉行所に嘆願書[*5]が出された。藩主には毎朝の御膳に「鯛・こだい・きす・すずき・イセ鯉・こち・ほうぼう・石首魚・かれい・あぢ・しもあぢ・たて貝・あか貝・さざえ・あわび・安宅辛螺・かも・こがも・しぎ・塩いわし」が必要だが、これらの内で不足するモノが出て御用に手間えぬよう、越中・能登の諸浦に令していただきたいと。五日後の二十二日、ご算用場はさっそく通達を出している。次のような概要である。

「この頃、金沢へ登る肴が少なくなった、とりわけ越中から持ってこない。金沢の肴は払底しているが、いかなる子細なのか。越中諸浦でとった肴は、金沢へ運ぶ駄賃・人足賃が高値で、商人どもは肴を運びかねていると聞くが、僉議をしなさい。高岡には問屋もあること、きっと吟味を遂げて越中筋のご奉行に示談、滞りなきよう「さっそく支配あるべく候」」と。

以前のようにならなければ「魚問屋・肝煎ら、このような事態をさそった役人」はご算用場にまで出頭するように、という強いお達しである。高岡魚問屋たちの大慌ての対策であろう、放生津に「末問屋」が設けられた。富山湾岸でもっとも猟船や網の数が多く漁業の盛んなのが放生津であった。放生津で廻船業を営み、町年寄を代々つとめた柴屋彦兵衛の「柴屋旧記」に記事[*6]がある。現代語になおして紹介しよう。

「正徳五年以前の放生津浦では四十物商人たちが、釣手採りの漁師たちに前渡しのように金を貸し与え、取り揚げた諸魚を残らず買い入れて支配、一割の口銭をとった上で代銭を漁師に渡してきていた。しかるところ、金沢登りの魚が払底して魚値段が高値になるのは、他国他所へ漏れ魚があるからであるとして、正徳五年、初めて放生津に魚問屋を六人お立てになった。一割の口銭をもって彼らの役料に……」

漏れ魚については例えば「近年、他国商人ども、小廻りと申す舟にて、冬海を日和見合わせ申す義を考え出し、とりわけ能州浦方にて買い、上下他国へ売り出してご口銭つかまつらず、また新川郡・射水郡の浦方諸魚も、越後・信濃・飛州へ同じようにご口銭をつかまつらないで出し申し候」（宝永元年＝一七〇四）と藩の通達にある。[*7] 日々の命を支える食物のこと、漏れ魚は日常的な行為であったろう。

高岡魚問屋は、他国他所への漏れ魚があると結論づけ、放生津浦に出入りする魚屋たちの統制を取り直そうとしたのであろう。滑川浦の金沢登せは、陸路で東岩瀬―高岡―金沢と陸路で運ばれるが、放生津まで船積みされることもある。[*8] 放生津に出来た末問屋は滑川町と無関係ではない。その報告を受けたと思われる藩の執政官（年寄衆）が、改作奉行・遠所の町奉行・郡奉行宛に、年が明けた正徳六年二月十八日、通達している。[*9]

「去冬、諸物を下値に売買するよう申し渡したが、その験もなく、肴などはいよいよ金沢に登らせず、他国へ売っている、漁猟をやめる者もあるというが、それでは魚がますます少なくなるので、みだりに商売替えしないように」

「前々より他国へ出していた諸物の内、肴については、能登奥郡・新川郡は金沢まで遠いので、他国で売る魚は大魚のほかは口銭を取らないできたゆえ、大魚以外の魚をたくさん他国で売っているし、また、海上において魚を漁夫から直買いするものだから、金沢に出る魚が払底するようになった。沙汰のかぎりである。今後はとった魚の三分の二は金沢へ登らせるように。三分の一は勝手次第、他国に売ってよろしい。」

海上で直商いすれば、魚口銭は出さなくてよく、魚屋にとって安仕入れができる、藩のお達しの盲点をつく漏れなのである。この達しは、新川郡諸浦が金沢へ登せるのは鰤が三分の一、諸魚が三分の二であることを確認するもの。売っていいのは、鰤の三分の二、諸魚の三分の一、雑魚はすべて。また、ここに言う「他国」は、隣国の飛騨や信州・越後だけでなく、富山城下町も含まれる。この四地方に売りに行く魚屋たちは新川郡でとれた魚が多いと藩の重役たちはにらんだのである。新川郡の漁夫たちはこれまで浦役銀を納めることで魚口銭を免じられてきた経緯があり、口銭徴収の強化となるこの通達は漁夫たちに不安をもたらしただろう。

放生津のその末問屋が一年もたたないうちに、大騒動を起こす。「柴屋旧記」の記述をまとめると、次のようだ。

「六人の末問屋は、貧しい漁民たちに漁具購入金の貸与もしてくれず、魚代金のたて替え払いもしてくれない。末問屋は魚屋に売った「振紙」を漁夫に手渡すだけで、漁夫が魚屋にもらいに行かねばならず、彼らは持ち合わせのある時は支払うが、ない時は種々の口実を設けて延引する、ひどい者は不渡りにする」

漁具の購入資金を貸してくれないという嘆き。新川郡では宿続き銀によって無担保で貸与されるのに——こんな末問屋は不要であるという不満が漁夫たちに鬱積《うっせき》していったようだ。騒ぎが始まる。正徳六年は六月に享保元年となり、その十月ころというから、「十月十日、海大荒れ、猟船の遭難あり、海死をだす」という悲況が放生津浦にもたらされたころである。「柴屋旧記」で「猟師どもより問屋六人の者に申し分に及び、混雑つかまつり」という事態。末問屋どもは誠実な対応をせず、算用場役人に贈賄し、身の保全を図るのが見えたという。漁夫四百名がついに金沢の公事場奉行へ訴えに及ぶ。

放生津浦の「漁夫四百名」というのは多数である。この三年前にも越中砺波郡の百姓が不作の「見立て不服」を訴え、金沢城下まで押し掛ける「福光騒動」があったが、バンドリを着けた五、六十人であった。

金沢への強訴時期が年暮れなのか年明けなのか、史料的に判然としていないが、享保二年正月、富山湾岸の漁領民たちが非常な緊迫感に包まれていたことは間違いないようである。

騒ぎはどうなったか。どの史料に拠っているのか判然と記されない『新湊市史』の内容を紹介しておく。

四百名は蓑笠を着けたまま金沢市中を闊歩、「不穏ただならざる状」となった。時の奉行は漁夫たちの総代二名のほかは帰国させ、問屋たちの言い分を立てようと総代「佐賀野屋久右衛門・四歩市屋四郎兵衛」を叱責する。二人は大いに憤慨、「立ち上がりダルマ」に銭を付着させて一方に傾けてみせ、暗に「贈賄」を示唆したため、奉行は激怒、二人の刎ね首を命じた。いくばくならずして奉行の非行は藩主の漏れ聞くところとなり、赦免の藩命を伝える急使を下されたが、享保三年二月六日、二人は放生津の西浜にて斬殺、その後であったという。[*10]藩は「右六人、役儀お取り放しなされ候」、改めて「魚吟味人」を選んで、放生津に魚市場を開設、新しく魚市場仕法をしいた。

＊1　『新湊市史』七三九〜四四頁、一九六四年刊
＊2　『富山県気象災異誌』昭和四五年刊、一七頁。「東岩瀬小学校報告」から引用。
＊3　『富山県気象災異誌』昭和四五年刊、一七頁。『富山市史』『前田氏家乗』の記事が採られている。
＊4　『加賀藩史料』第六編・四一〜二頁
○六％口銭　タイ（鯛）・コイ（鯉）・スズキ（鱸）・ブリ（鰤）・タラ（鱈）・マス（鱒）・シイラ・カジカ・マグロ・

川タイ・ハカレイ・クルマダイ・マンダラ・アカイ類・ヤカラ・コチタイ・ハム・アナゴ・サワラ・ウナギ・ナマコ・アラ・ワニ・サメ類・タコ・ユルカ・下アシ・ムクシ・クジラ（鯨）・ナンタ・大魚・アワビ・アンコウ・シホ・干イカ・サシサバ・冬イカ・カツオブシ・カズノコ・ムシ貝・クシ貝・イカ黒作り・アユ・鳥類。これらは塩物干物でも六％、

○八％口銭　ハチメ類・コダイ類・クジラ・サバ・カレイ・小シイラ・エビ類・フクラギ・キシ鱈・イカ・カツオ・カニ・カマス・ハネ・イセ鯉・シロメ類・ウグイ・フナ・クロダイ・キス類・ササイ・サンシ・ナマズ・フグ・コノシロ・コチ・イシモチ・シラウオ・サヨリ・小ホ鱈・バイ貝・カキ貝・アユ・雑小物・トビウオ・クシ鯛　これらは塩物・干物でも八％口銭

＊5　『加賀藩史料』第六編・三三～三五頁

＊6　『新湊市史』七四〇頁、一九六四年刊

＊7　宝永元年「魚取締通達」（『滑川市史―通史編』二〇一頁・一九八五年刊）

＊8　『滑川市史―通史編』一九五頁・一九八五年刊）

＊9　『加賀藩史料』第六編・四三～四五頁

＊10　放生津浦の漁民義人とされた二人の墓が西浜に建てられ、二月六日は漁師の報恩講とよばれる恒例の行事となった。この一日は漁師全員が出猟をやめ、墓に参詣。供養の「油揚げ」をうけ、遺徳をしのんできたという。

六万五千石の焼失と大坂廻米

滑川町で米価が高騰したもう一つの理由は、加賀藩の大坂御蔵が火事で焼け、それを補う

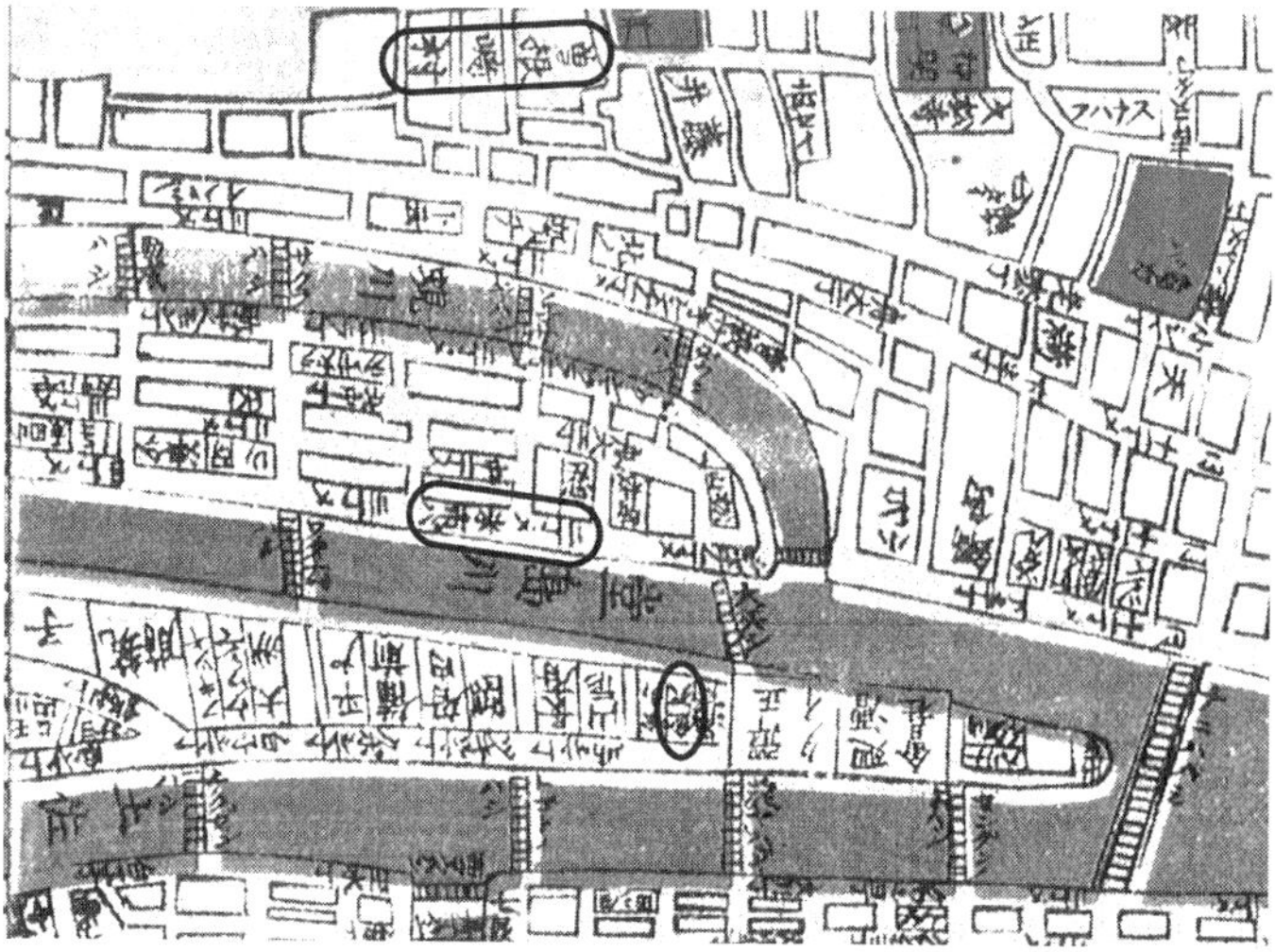

江戸期の中之島と堂島のあたり（「慶応改正　大阪細見全図」一八六五年版より）

大坂廻米が必要になり、その要請が新川郡の各港にきたと想像されることである。火事の様子は大坂堂島米市場の記録『濱方旧記』[*1]に記されている。文章を現代訳して紹介する。

享保元年七月四日、夜四つ（十時）、曽根崎領老松町西横町の北はずれ、「わらや杢兵衛」という者から出火、それより曽根崎新地へうつり、ウラオモテ一丁ばかり焼失、そこから堂島新地に燃えうつり、大江橋・蜆橋の半丁ほど西は残り、それよりウラオモテ、堂島新地は残らず焼けた。梅田橋から福島へ広がり、上福島は残らず焼けた。

金沢の史料『政隣記』[*2]には七月八日「大坂御蔵米六万五千石、当五日焼失の由、告げ来たる」とある。加賀藩の大坂廻米は年に一〇万石平均、巨大な焼失である。「改作奉行菊田逸角・河合右平次、彼の地へ早速まかりこすべき旨、十二日、御月番美馬作守殿、仰せ渡され」となった。

上中之島に加賀藩の蔵屋敷があった。図面をみると米蔵はない。二年交代で派遣される責任者の改作奉行や算用場役人・足軽らの住宅兼事務所のようである。間口九間余、奥行四十間余というが、その「坪数」は三百六十坪ではなく、「百九十七坪」とあるのを見ると、右側

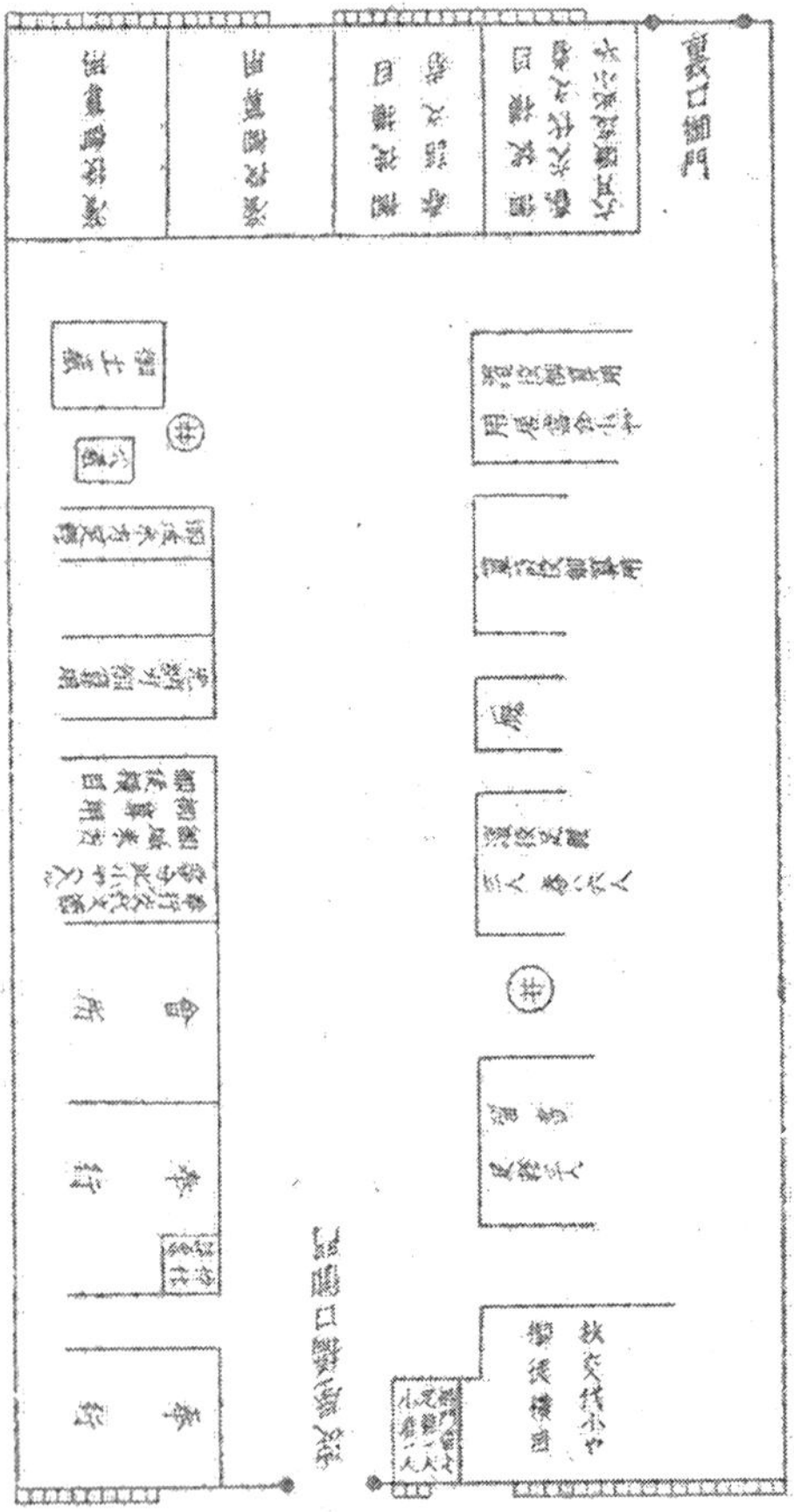

加賀藩の上中之島・御蔵屋敷
（『近世の大坂』二四頁、近世社会経済叢書のうち）

に少しある空白が残りの百六十坪相当で、そこに米蔵があったというのだろうか。

この空白に米俵を並べても、ここだけで六万五千石の米収納は無理である。五斗俵にして十三万俵というのがどれほど巨大な量か。五十センチ直径の一俵を、この蔵屋敷の奥行四十間（七十二メートル）に並べて百四十四俵、十メートル高さまで二十段積んで二千八百八十俵、五斗俵にして千四百石。これを七列積んでようやく一万石である。九十センチ長の俵で七列は六メートル。七十二メートルに六メートル、高さ十メートルの立方体が一万石。

加賀藩は釜屋町にも蔵屋敷を借りていたが、道頓堀川に沿って四棟が並び、合計百六間（百九十メートル）に五間（九メートル）となる米蔵、二十段七列積んで合計二万七千石。「方々に借り蔵」といわれる加賀藩、曽根崎か堂島新地にいくつか借り蔵が集中していたということだろう。この時の大坂米価は一石が百二十五匁（ほぼ二両）もしたから、全部売っていれば十三万両という巨額な米量が燃えた。『濱方旧記』は加賀藩がこの焼失米のうち、売却済みの米をめぐって買い主の商人とどんな対応をしたか、事後の様子も記している。

加賀藩の米切手を持つ商人たちから何度も「実米」に替えてくれと要請があって、なかなか返答をしなかった藩が、火事から一か月の八月一日、ようやく米切手の持ち主一同を集めて、一問一答の形式で議論を交わした。その「あらまし弁論」の記録が残っている。まず前段は、米切手の所持者で出席した名を入札順に掲げている。

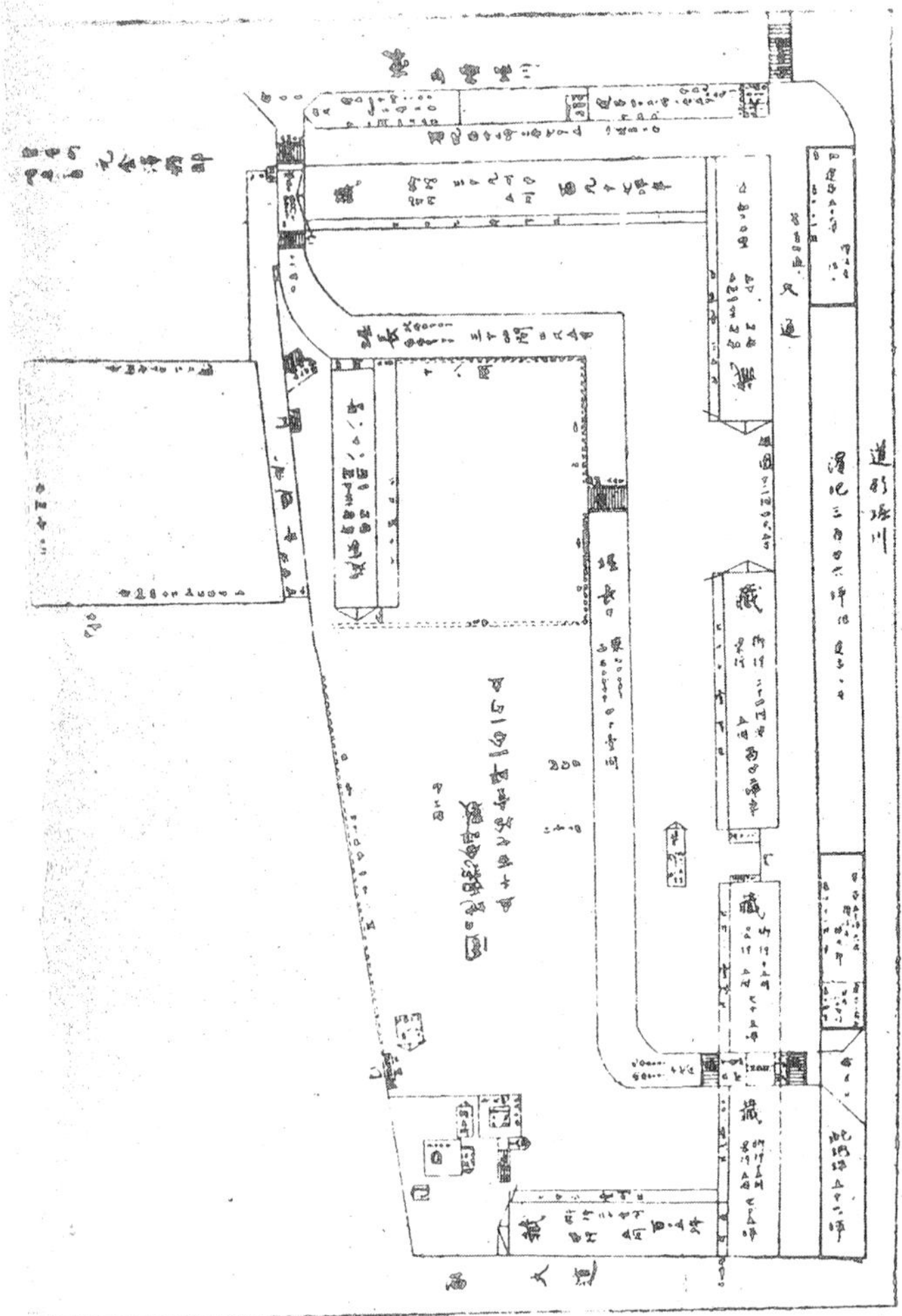

大坂釜屋町の加賀藩蔵屋敷
（鈴木直二『徳川時代の米穀配給組織』一九四四年刊より）

四月廿八日札の分　石田屋伊左衛門　大塚屋久左衛門
五月廿三日札の分　丸屋久左衛門　米屋八郎兵衛
仝月廿六日札の分　俵屋九兵衛　伊勢屋小兵衛
六月三日札の分　岩井屋源右衛門　大坂屋次郎兵衛
六月六日札の分　伝法屋九郎右衛門　加島屋作兵衛　吉文字屋粂蔵
六月九日札の分　升屋長兵衛　伏見屋五兵衛　俵屋甚左衛門
六月十九日札の分　七人名前略
六月廿七日札の分　五人同断
七月二日札の分　九人同断

出席者は全部で三十五人、一枚「十石」の米切手を所持する者は欠席者を合わせて六十人で、売却済み米は合計「千七百五十石」であることは、この引用史料の最後に記される。加賀藩からは「奉行　辻次郎右衛門直」「目附役一人」「手代四人」が応対している。

奉行　このたび類焼米の儀につき（略）切手表に「水火の難不存也」※とある品々いかが。堂島米市場にもどんな評議をなされているのか。その様子を承り、また我々も相談し直すべくと存じ、札主各々をお呼びした。料簡相談の段、委細を聞かせられますように。

※米切手の表には「米二十俵　右あい渡すべく候　水火の難不存也」とあり、水難や火災の際は当方は関知しないと明記するので、そのことについて米市場ではどんな評議をされたか、札主たちの料簡はどうか、という藩の問い返しである。

商人　御米類焼以後、米市場では何の相談と申すこともなく、先だってお願い申し上げたとおり、お米をお渡し下されますようお願い申します。

奉行　大切なる銀子を上納したのであるから、米を請け取りたきことは尤もだが、手形表の義（水火の難不存）、かねて思案もしてきたはず、類焼より時もたち、相談なきことはこれまでの格式にないこと、手形表の儀、何とか云い立てがあってしかるべきである。今晩のこの会合、何とぞ宜しき考え、内証相談でもなんでも、存念を申すように。

商人　お大名様のこと、お米お渡しにご相違あるまじと、町人のことですから、ひたむきに存じてすごしてきました。ご内談と申されます愚案ですが、お上には広き儀、吾々どもは末々、何ほどの難儀か知れません。お切手は常々所持して金銀より大切に存じておりますれば、このことに異変がありますれば、末々に差し支えます。はばかりながら御蔵のためにもならないと存じます。とにかく幾重にも、我々どもはお米を受け取り申すお願いよりほかございません。

奉行　それは各々の勝手な言い分というもの。我々も何とか筋が立てば米は渡したい存念であるが、手形表の筋が立たねば、何方へも申し様がない。宜しき筋はあるものと存ずるが。

商人　思いますのは、とかく御大名と町人とのこと、ご用捨にございます。差し当たり思いますのは、手形表の御法の日限※が過ぎれば手形は反故たるべきとあります。しかし、過ぎましても御蔵ではお預かりくださっております。互いの勝手をもってでございます。

※御法の日限というのは、米切手を現物の米に引き替えるのはある期限内という決まりで、加賀藩では古くは三十日以内としていたが、堂島米市場に移ってからは三年までは引き替えたようである。これを超えると、保管費用を別途に払わねば替えられなかったから、その期限間際の米切手は取引を忌避された。

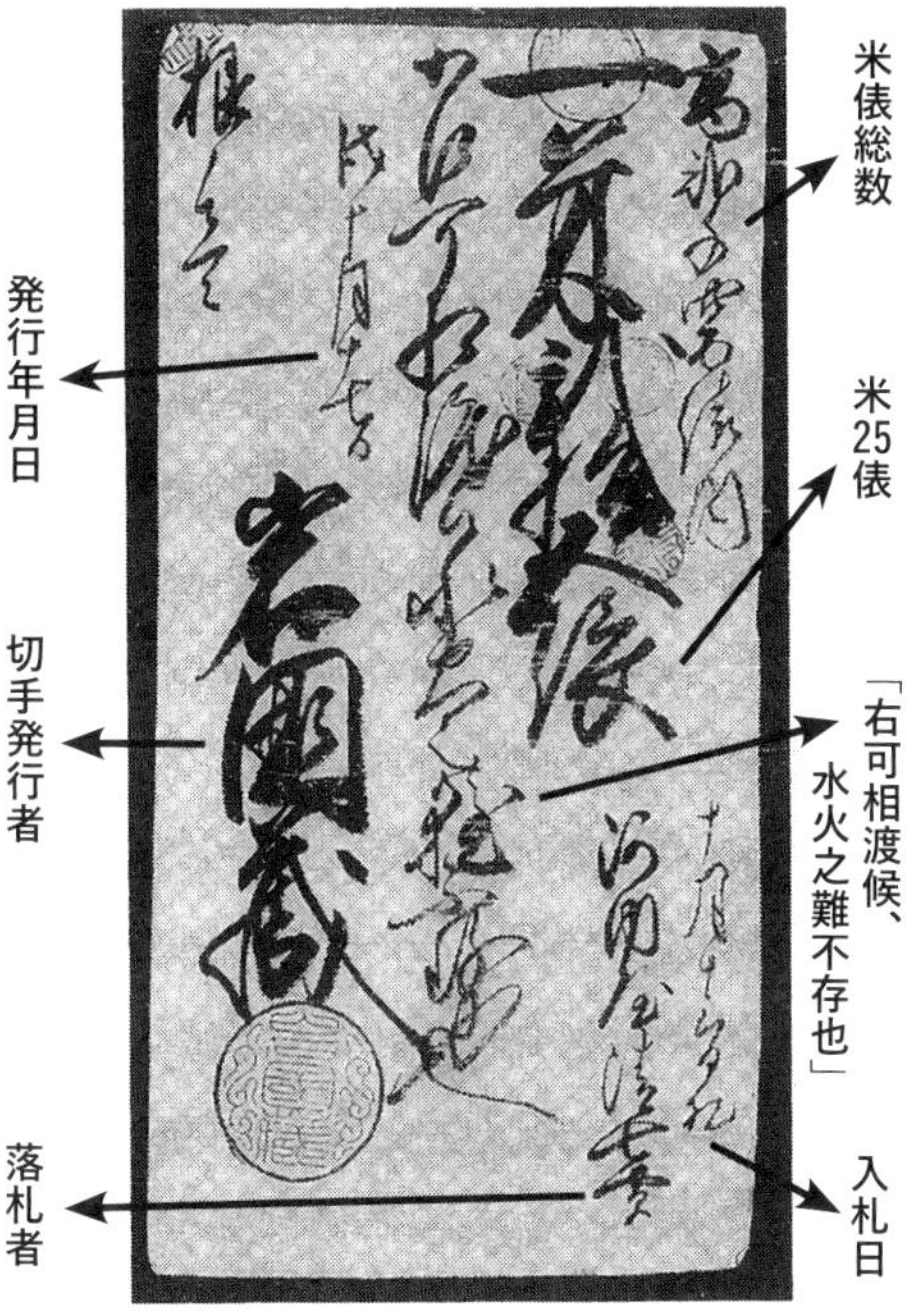

米切手の券面（高槻泰郎『大坂堂島米市場』より）

奉行　それはなるほど、互いの用捨と申すもの。
商人　そういうことでございます。その三十日後をご用捨くださるなら、水火の難のことも、第一にご用捨くだされなくては。水火は毎年のことでなく、末々が立ちません。格式をもって申しますれば、先の右京様※

のお米も焼けましたが、早速にお渡しくださいました。

※右京様は越後村上藩九万石の松平右京大輔輝貞のこと。やはり蔵米の類焼に逢ったというが、米の量は判っていない。

奉行 その右京殿の米は三十日限りの内の切手であるし、また少々の焼けであり、お渡しなされたのは尤も。しかし、当蔵は大形※の焼けであり、この格式には当たらない。

※「大形」（おおかた）と数値を出さないが、六万五千石という巨量である。米市場では大体の量は把握されていたと思うが、さらなる米値高騰を誘うのに十分な量であろう。この記録の最後に「加島屋平兵衛」の米切手の購入価格が「百二十七匁」（一石の値）と出るので、いかに高騰しているか分かる。

商人 だいぶ小分けに格式を選ばれ、心得難いものです。分地相応の類焼でございますものを例になされますか。ともかくお米をお渡し願います。今日は札主ばかり※、このことは小事ではなく、米市場の蔵方長々の格式初めでございます。また格式をご存知の老中とも相談、よい筋がないか申されるべきで、ともかく一円、お願い筋よりほか申すことはございません。

※札主ばかり、というのは、後に「老中」という語が出るのを見れば、堂島米市場の責任者「米方年寄役」が入っていないことを指すのだろう。

奉行 さてまた六月廿七日より後、落札の衆中、米代銀を上納されないのはいかがのことか、日限※は廿一日か二日ではないか。

※落札代銀の納入は落札日から七〜十日の間とされていた。

商人　これは札主手前ばかりではなく、諸方へ売り渡しがあって、日限前、鴻池新七店※まで米代銀を上納し、お米も受け取り申したいとお伺いしたところ、鴻池より返事、お上には殊のほか取り込みで、差し控えるよう仰せられたので、延引になっています。大変故の延引になったことですから、敷銀をお戻しくだされ、お米も戻してくださるようお願いします。

※鴻池新七店は加賀藩蔵屋敷の名代、つまり土地所有の名義人である。大坂は幕府の命で町人しか土地が持てないことになっていた。加賀藩は土地を購入しているが、名義は鴻池のままなのである。「お上」は加賀藩を指すのだろう。「敷銀」は百石に銀二百匁が定例になっていた。

奉行　米を渡してくれるよう未だ火が納まらないうちから願い申される。代銀の上納のこと、日限は判っていること、何ゆえ蔵へ尋ねないのか。ともかくその方ばかり勝手な筋を願い、不勝手な筋は少なくても打ち捨てておくというのは、我らの料簡に落ちない。つまり、値段の後下がりゆえ、かような願いをするとよりほか考えられない。

商人　御意にございますが、お大名様と町人との儀にあれば、何事もご宥免がなくては、我々どもあい立ちません。とにかく、鴻池よりそうあるまでと延引になりました。

奉行　ともかく各々ばかりの勝手にては済まないこと。また格式始めのことについては、何とぞよい筋がありそうなもの。

商人　この義も、出し方御蔵米を買い請けた人々もいるけれど、お米お取返し敷銀は札元へお戻し下されば、ともかくご宥免をもってお米お取戻しくだされれば有難く存じます。

奉行　とかく幾重にもその方の勝手ばかりでは済まないこと。何とぞこの義、相曖※と互いに手を打つほどの品がありそうなもの。よくよく大毛の儀であれば思案いたすべきである。

※相曖は「あつかい」と呼び、決済不履行に陥った場合、その仲買は以後の取引を禁じられるが、損失額の三〜五割を弁済すれば再び取引を行うことが出来るという慣例を指す語。

商人　これまで段々と申してきました。切手表のことは大毛の儀にございます。我々どもばかりの料簡でご返答はできませせず、まして切手など衆中の料簡でも済まず、長々米市場の大切な例になることですから、今晩は立ち返り、総米市場どもと相談し、また古格もあると存じます。その上でお願い申すべきです。あわせて幾重にもお米受取り申す品、お願いより外ございません。よろしくご宥免のご沙汰を願います。

ともかくこの義の至り、二分通り減じお米を受け取るものか。または何とぞ筋立てがあるからよくよく思案いたし至急に返答いたすべき段。残らず帰宅、帰宅。

（朱書）この後、相談の様子記録なし故、分からないが、この次に記す石高付の〆高千七百五十石、受け取る旨しるしがあるので、残らず米にて受け取ったことが顕然である。古老がかねて次のことを伝えて言っていた。

「加賀藩では類焼した御蔵に付いて、評議の上、仰せ出された。米切手に水火の難不存としたためている以上は、米の焼失は存ぜざること。しかしながらこのたび類焼に及んだ米はいまだ売り払っていないもので、先だってより売り払い切手を差し出し置いた米は焼失していず別条がないので、残らず米を渡すと仰せ渡され、国元より別段の登せ米をお考えくださった由である」

右の通りのお申し□をもって知れ渡るご仁恵、ありがたき後代の亀鑑と聞き伝えている。次に俵高の書面、不記入ながらお切手の模様は当時に違うが、お渡し下された証拠で、また昔の仲買の名前ばかり記している。

一上新米十石　　加島屋平兵衛
　高二百石のうち百二十七匁五分なり。六月十九日鍋屋八郎兵衛札、六月廿七日納め廿の十一
一同米十石　　右　同人
　高八百石のうち百二十四匁九分なり。六月十九日俵屋六兵衛札、六月廿九日納め八十の四十八
一中新米　――

一上々新米　――

一上古米　――

一上々古米　――

（朱書）この如く番付所持人の石数など委しく記すけれども名前だけ左に記す。

綿屋徳兵衛（以下、六十人の名前は略）

惣〆千七百五十石　請け取り候

以上が記録の全てである。加賀藩は初め、切手表の「水火の難不存」をタテに米との引き換えを拒んだが、「評議の上」、引き換えを認めることにした。「売り払った米は焼失していない」と、その理由について記されるが、そのことについて、『大坂堂島米市場』[*3]の著者・高槻泰郎氏は次のように述べる。

「今回焼失した米は、未だ売却していない分であり、すでに米切手を発行した分については焼け残ったため、引き換えに応じる、という理屈が用意されたことが分かる。米切手所持人からの圧力に屈したという形にしないのは、加賀藩の体面を考えてのことだろうが、問題は、焼け残ったとしておきながら、加賀の国元から米を廻送して交換に応じていることである。（中略）免責が原則である限り、「本来ならば免責だが、お前たちの米は特別に確保する」という形にでき、財政的余裕がない場合は、免責を主張することもできなくはないからだ。右の事件を経て、たとえ蔵屋敷が全焼しようと、米切手と交換すべき米は必ず焼け残るという不思議な原則が成立した。」（同書１０１〜１０２頁）

高槻氏は加賀藩「当蔵の大形の焼け」がどれだけであったかを示されていない。「六万五千石」の焼失と知られたら、加賀藩の再廻米「評議」の深さや厳しさに筆を及ぼさずにおられなかったと思う。藩の必要歳費をまかない、江戸や京・大坂の経費をまかない、商人からの借金返済をまかなう原資が焼失したのである。史料[*4]によると、加賀藩は元禄期から財政赤字となっていて、この享保元年から大阪商人より前借を始めたという。

「大坂先納銀と申す名目にて毎月お借入れをもって弁ぜられ、年々のご不足の分と、毎月ご返済の元利とあい重なり、年を追い月々のご返済、過分至極の銀高にあいなり、お手繰りさしつかえ候につき、種々計策などをもって銀主の泥みを防ぎ候取り扱いこれあり、ますますご借入これあり…」

大坂商人から「先納銀」という名目で毎月、前借を始めたというのだが、その必要はこの米類焼によって生じたに違いなく、毎月の前借という複雑な勘定が発生したのであろう。加賀藩の大坂廻米量が分かるのは「元禄一四年より正徳五年の間ご収納米入り払い中勘図表」

という史料だけで、これが正徳六年（享保元年）の廻米を記録せず、これ以降、寛政年間まで毎年の収納米と廻米を整理して記す史料がないという。[*5]その「入り払い米中勘図表」の、たとえば元禄十四年を見てみよう。まず収入について書き上げている。

「元禄十四年御収納御米図り
一　四万三百六十六石余　　元禄十三年御収納残り古米
一　二十四万七千五百十九石　　同十四年御収納米
一　四千八百八十六石余　　同年暮れ前の御貸米返上
〆二十九万二千七百七十一石余」

昨年の繰り越し米が四万石もある。何年も前からの繰り越しであろうから、宿続き銀仕法において、五十貫目の銀を貧民たちに提示できたのはそんな余裕があったからなのかという推測が湧くが、その仕法をスタートさせた元禄十年は前年の飢饉があって大坂廻米が出来ず、九千三百貫という莫大な歳出超過であったと別史料にある。それでも思い切った施策を講じたのは、貧民たちへ連帯の手をいま差し伸べねばという切迫感があったからであろう。また、収入三項目の一つが現代なら社会福祉項目に相当するお貸し米の返上金で、その額が年貢収入のわずか一・七％であることに感慨を抱く。村や町への貸付は、年貢の「村請け」と同じく、返済百%を約束されたもの。年貢の一割を貸付に廻してもやり繰りは付くと思われるが、それが二%足らずにとどまるのは、返上米が古米でなされがちなのを嫌うからなのか、統治上のどんな配慮からか、知りたいものである。

さて、毎月の前借を始めた加賀藩、その担保はもちろん国元で地払い予定で百姓や町蔵などに残る米、秋出来の新米であろうから、それらを早急に手配せねばならなかったはず。国元へ再廻送を要請して、いつ、どのくらいの量が着米するのか、ギリギリの判断を迫られる評議が、国元派遣の二人の改作奉行の下になされたわけである。加えて売却済み米切手の米引き換え問題と、国元の八人年寄衆の意見を交え、評議はふんぷんとしたに違いない。

八月上旬、国元にはおそらく「同量」の再廻送が要請されたのではないか。金沢ではすぐ加越能三国の十村役たちに古米の蔵出しと農家残り米出荷の要請が伝えられただろう。藩米が大坂で六万五千石も焼けたという事実が告白されねば、つまり少し高値に買われると期待が生まれなければ、残り米の集荷は困難と思われるから、村や町の上層部はもちろん、農民も町人も多くはその事実を知ったことであろう。

九月廿二日、改作奉行から越中の十村宛てに達し[*6]が出ている。

「当年の儀、作毛よろしからず、取沙汰これありそうらえども、今年に限り、いかようの儀これありそうらえども、見立ては仕りまじく候間、その段、百姓どもへ申し聞かし…」

　不作の時は年貢減免のため作柄を実地に見立てるのが通例だが、今年だけはどんな作柄の村も、それはしないという。先ごろ、そのことを百姓どもは「承知」したが、それは「奇特の仕合に存じ候」と続けているから、いかに切羽詰まった藩の対応であったかがうかがえる。村役たちは米焼失という事情を汲んで協力の姿勢を取ったということである。

　米価は大坂で一石百二十匁という高値、米の再廻送が必然となった藩内各地の米価は時を経て高値となっていくから、安値を見込める秋の新米が出るのを待ったであろう。藩はできるだけ安く国元米を買い上げねば損失は膨らむのである。堂島米市場での加賀藩米の取引は十月上旬まで行われていた。新米が出回ると同時に安値となった国元米の船積みが始められたかもしれない。大坂商人にどんな米価をもって前借したのか分からないけれど、秋の新米安値を見計らう必要があったであろう。年内に送れなかった分は来春三月末まで待機となる。

　先に見たように、加賀藩はまだ千七百五十石しか売却していなかった。廻米は、少しでも高値に売って前々からの借金返済や今期の前借分に充てていかねばならないから、もっとも高値となる七、八月を待っていたのであろう。先の「濱方旧記」最後の方で米切手の現物交換が成された人々の筆頭に「加島屋」があがっているのをみれば、加島屋が前借の中心的存在であったのかもしれない。

越中の稲田の様子は、秋になって長雨となり不作が明らかとなっていく。加えて類焼のことが知られれば、越中での米価はジリジリと上がったであろう。漁師たちは不漁続きにくわえ、魚問屋問題の不満を募らせ、不穏な空気となっている。思いもかけない難題がいくつも重なってきた滑川町、町役たちがこれまでと別格の対応策を考え始めたとして不思議ではない。彼らは置き米仕法を考案した。その実施については藩に願い出て「町や近隣の村人を飢えさせることが決してないように」と「仰せ渡し」のもと、つまり条件付きで認められた仕法である。

この正月会合によって置き米仕法が文書になり、町衆におおまかな点は伝わったと思われるが、この享保二年の滑川町における米移出の様子、仕法の発動の様子を伝える記録は、知られている記録の中には全く見当たらない。幕府記録に「加賀は例年正月十日までにその年大坂廻米の大数を蔵屋敷へ申し来るなり」[*7]とあるから、この享保二年正月には加賀藩内の諸浦の津出し米の額は決定していたはず。だが、滑川の津出し量の記録はもちろん、仕法発動にかかわる町衆の動きを知る史料は見つかっていない。

＊1　『濱方旧記』巻一のトップが「蔵米類焼加州御蔵の一件」である（『近世社会経済叢書』大正一五年刊のうち）
＊2　津田政隣『政隣記　享保元〜二十年』13頁、桂書房・二〇一三年刊
＊3　高槻泰郎『大坂堂島米市場―江戸幕府vs市場経済』講談社現代新書・二〇一八年刊

＊4　「勝手難渋の沿革に付き算用場奉行紙面」（『金沢市史　資料編8　近世六　港町と海運』459頁、平成九年刊）
＊5　土屋喬雄『封建社会崩壊過程の研究』昭和二（一九二七）年、八六頁、弘文堂刊
＊6　見立て差止めにつき貸し米申し渡し（富山大学附属図書館蔵「川合文書」より）『富山県史　史料編Ⅲ　近世上』461頁、昭和55年刊
＊7　『日本財政経済史料巻三』二九九頁

置き米仕法の創案

滑川町の仕法を紹介するのは、『滑川市史』資料編122頁に載る、一点の活字史料である。滑川市立博物館近藤浩二館長が六年前に置き米史料ではないかと教えて下さったもの。以来、これに続く史料を求めてきたが、今日までかなわなかった。これ以上待っても出てくる可能性は低く、筆者の加齢を考え、この史料だけでも少しは意義のある報告ができると思うに至った。このことはお断りしておきたい。史料はきっとどこかにある。新史料が見つかることは期待するものである。

享保二年（一七一七）正月　滑川米商人定書（桐沢奨二氏蔵）

一、他国出津願申ニ付、滑川町ハ勿論近在村々飯米為手支申間敷旨被為仰渡候間、随分致勘弁為手支申間敷事

一、米相場高下ニより未た有手支申儀有之候者※、遂僉儀人々願米高ニ応、米相調売出可申事

一、今年末ニ米手支申儀可有之候間、出津願相叶、米売申時分代銀之内、拾石ニ付弐百目無差除、其銀何方江荷預置、米手支可申体ニ候者、早速相調手支不申様ニ可仕候、追々米買進候而も、新米出来仕候迄差支不申様ニ可仕候、米高下ニより損銀有之候者、除置候銀高ニ応配当可仕事

右相談之上を以相極申候、末々違背仕間敷候　以上

享保二年正月

綿屋　九郎兵衛（印）　武津屋　宗兵衛（印）
綿屋　九郎右衛門（印）　綿屋　七兵衛（印）
四分一屋　四郎兵衛（印）　綿屋　三郎兵衛（印）
氷見屋　与四兵衛（印）　吉戸屋　彦四郎（印）
上濃屋　宗四郎（印）　川瀬屋　又右衛門（印）
高野屋　庄九郎（印）　浅井屋　久右衛門（印）
松村屋　宗左衛門（印）

新庄屋　太左衛門（印）

※史料の中の「未た有手支申儀有之候者」は、「未だ手支え有り申す儀」と読んでおくが、「有之候」と続いて「有」がすぐに重なるのは調子が悪く、「た」は「曾」の読み違いとみて「未曾有」と読むことも可能である。文意は多少変わるだろう。また、「無差除」の「無」は「被」の読み違いとして、「差し除けられ」と読んでおく。

〇他国出津願い申すにつき、滑川町はもちろん、近在村々が飯米の手支えにならないよう仰せ渡されたので、ずいぶんと勘弁いたし、手支えさせないこと。

〇米相場の高下により未だ手支えすることがあるなら、僉議をとげ、人々の願う米高に応じ、米を調え売り出すべきこと。

〇今年末に米の手支えがあるようなので、出津願いを叶えて米を売る際、代銀のうち、拾石につき二百目を差し除け、その銀は何方へか預け置き、米手支えに際して早速とそれでもって調え、手支えしないようすべきこと、追々と米買いが進んでも、新米が出回るまで差し支えないようすべきこと、米価の高下により損銀が出るだろうが、除け置いた銀高に応じて配当すべきこと。

右、相談の上をもって極めたこと、これから先ずっと違背しないように。以上

十四人の印判のある署名が並んでいる。「滑川」は宿場町、港町として発達した在郷町。海

岸にそった細長い集落を形成し、居住区の別は不分明に「田地方（町）」と「宿」と「浦」の三つの支配に分けられていた。左にみるように、十四人はその三つの支配からそれぞれ代表して出席したと見え、この取り決めは全町にわたる重要な「定め書」と思われる。

「町」年寄　「綿屋」の四人
「町」組合頭　「上野屋」「氷見屋」「武津屋」「吉戸屋」
「宿」肝煎　「松村屋」「浅井屋」
「宿」元肝煎　「高野屋」「川瀬屋」
「浦」肝煎　「四分一屋」
「浦」網主　「新庄屋」

彼ら十四人の願いは、一項に言う、町の人々に飯米の手支えをさせないことである。「未だ手支え」があるなら、といえば、昨年中は手支えがあったということだから、今年は米移出を再開しても町の飯米がなくなることは絶対に防ぐようにと、藩から「仰せ渡し」があった。当町米商の出した「他国出津願い」が藩の依頼によるものでないような書き方であるが、藩命なのである。町衆の騒ぎにならないよう「ずいぶんと勘弁いたし」必死になって対応策を考え出したというニュアンスである。この米他国移出の裏にどんな現実があるかについては先述した。当史料の内容を見ておこう。
置き米仕法を示す核心部は左の部分である。

「米売り申す時分、代銀のうち、拾石につき二百目差し除けられ、その銀いず方へか預け置き、米手支え申すべき体に候は、早速あい調え、手支え申さぬようつかまつるべく候」

当町の米商が、船主に売った米の代銀から「いくらかを差し除けられる」という書き方なので、差し除けた金は、売った米商がかぶるように読むことも可能だが、前著で紹介した各地の当仕法においては、かぶるのは買った船主であった。

船主たちはなぜ、かぶってくれるのか。買い米暮らしの港町の人たちが、米を一度に大量に積み出せば米価が高騰すると言い張り、大規模な米移出に待ったをかけるからで、元禄三年の富山城下のように強引な移出は騒動になるのが必定であった。この滑川町の場合、米を大坂へ移出する船主は藩の依頼による運賃積みであるから、町衆に止められては大変であり、米をいくらか町衆に差し出してもと思っている。そんな船主を取り込んだ対処法として置き米仕法は、十四人の町の重役たちによって編み出されたわけである。藩にしてみれば、置き米の分いくらか高値になるけれど、大坂米値はもっと高値、町衆を飢えさせるなとは藩主の命であり、まあ、いいかということだろう。

船主から置き米を取り、町の人々にそのまま恵与配分するのでなく、町役たちはもう一工夫する。二項に「人々願い米高に応じ米を調え売り出す」とある。町衆に高騰前の安値で米を販売するというところまで面倒を見るのである。なぜ、そこまで面倒を見るのか。そのまま配分すれば、町衆は船主から「施しを受ける」ように感じ、宿続き銀仕法の「ただ暮らし」を責められるような恥ずかしさに見舞われ、積み出しを許す気持にならない、ということであろう。

町衆は救い米を出せと声を上げるわけではない。命そのものである米という食糧だけは、いつでも自分たちの買える値段で供給されるべきで、そう求めることは、ずっと昔から慣習権利になっている、米を安く買いたいだけだ――西欧で「モラル・エコノミー」と呼ばれる民衆慣習の感情。そのモラルをよく知る町役たちは、けっしてこれは施しではない、高値と安値の差額にこの置き米は当てる、そんな意味付けを町衆に与えるのである。十四人の重役の多くは蔵宿など米移出に関係のある商いをしており、米積み出しの了解を町衆からとりつけるのは、彼ら自身にも必要である。

「僉議を遂げる儀、人々願い米高に応じ」とある文意は、人々はどのくらいの安値を望み、高騰期間がどれくらい続くと予想しているか、詮議して統一的な数値の明示をしようというのであろう。「米高」という語句は、米価と米量の二つを含めていると思われる。町の皆の意見を聞いて、その願い価格と量を決める。町役たちだけで決めるのでは、町衆に仕法への賛同が得られないという判断もあるだろう。町衆に参加意識を持ってもらおうとするポイントを押さえて見事である。

町衆は、高騰している米価をどの時点までさかのぼった安値にするか、米価決定権を得るわけである。町衆は、町役たち上層商人たちについて、日頃は通常の商行為を行なっているが、食料不足の時期になると、彼らの商行為はモラルに反する「投機」に見え、米価を高騰させて利益を得るために米を移出したり、秘密裡に貯蔵したりしているように見えていたと思われるから、こんな置き米仕法に参加できるとなれば、自らの思う「正当な価格」の設定に向け、モラル・エコノミーを港町によみがえらせるべく、生き生きと話し合いを始めたことであろう。非常時における集団結束の手続きは自ずと民主的になるようである。続く史料がなくて不明だが、前著で見た越後の今町（直江津）では、町ごとに小頭たちが寄合をし、町頭がそれを町役たちの前で披露、皆で決定していた。貧窮人と中間の人がさまざまに言い合い、意見の集約は難しい様子がうかがえたが、当町でも移出開始後のどこかで「僉議を遂げる」のである。

置き米の率「拾石につき二百目」はこの正月会合で決められたのであろう。置き米を主として銀でとるという表記である。港には買い積みの船から運搬のみの船まで、購入価格を異にする米移出船が何艘か居合わせる。現物の米で「二百目」相当を取とろうとすると、船主に購入価格を申告してもらう必要が出て、手続きが面倒となる。この表記はどの船の米も量だけを指標にし、銀「二百目」を置いてもらうということだ。この「定書」の終わり、「追々買い進み」と、少量ずつ加減しながら移出していくとする文言が添えられるのは、米価を刺激しないためである。

昨正徳六年（享保元年）七月の越中米価は一石＝銀一〇一匁という史料[*1]がある。元禄年間の「五十匁」などに比してとてつもなく高騰しているわけだが、「二百目」（銀二百匁）は、ほぼ二石に相当。十石につき二石、「二十％」の置き米と、かなり高率である。これほどの置き米を藩や船主たちは承知したのだろうか。仕法を提示した享保二年正月の時点で町役たちは最高米価を七月値より高くどの程度まで予想したのか。「一石百五十匁」などなら「十五％」と数値は低くなり、考え得る現実的な範囲とみなせよう。藩にとって再廻米は前借という大坂商人との約束上、絶対に必要なものである。それを読み取った町役たちが、数値を押し切ったという可能性はある。

なお、「享保元年一石六・五七両」という別史料がある。ずっと後年、一九一八年の米騒動時に富山県庁が新聞に提供した「過去三百年間の米価の変遷」と題する史料[*2]で、慶長年間から一石何両と書き連ねたもの。越中の米価なのか、各年何月のものか分からない史料だが、この場合、銀六十匁一両とすると、銀二百匁は三・三両、「十石六十五・七両」の「五％」くらい、そんなに高率とはならない。

六十六年後の天明三（一七八三）年に越後寺泊町が作成した置き米定め書[*3]は「百俵につき六俵」と米量の率として表記された。米価に無関係で、定率というわけだから、米価が日替わりする時期でも、置き米をどれだけ取るのか、取られるのか、米商も船主もいちいち計算する必要はない。

滑川の「十石に二百目」という決め方は、要請された移出をすべてしても現物の米が当町や村に残ると確信できたので、安米販売に必要な補填「銀」の確保を主眼とした、そういう決め方ということは言えよう。現物の米が不足すると分かれば、寺泊町のように「百俵につき二十俵」と、現物米でとると明記するだろう。

置き米仕法を告げるこの文書と同じ正月の九日、金沢に居た郡奉行二人が「他領米、高値」ゆえ「密々」米が漏れていると算用場に情報[*4]が入った、他領境の村役人たちに厳重な締まりをするよう命じている。少しでも多くの再廻米が要求されたことがわかるし、藩の米の買い上げ必要性は絶対であった――こういう特殊な事態が生まれて、この滑川町の置き米という仕法は創始、公認され、実施された。最初期にありがちな状況である。また、先述したように、町衆の意見を聞いて安値価格を決めるという文言は、前著で見たどの史料にも記されていない。加えるに、「その銀、何方へ荷預け置き」という文言。銀として、あるいはその銀に相当する米荷として当町のどこかに預け置くという意味だが、「何方へ」と、誰とか、どの蔵とか、具体的な指定でないことに注目したい。会合でそこまで決めなかったということでもあろうが、この仕法を考え出したばかりで、というニュアンスがある。以上の三点から筆者は、この置き米仕法は、滑川町においてこの時に創始されたと考えるに至ったものだが、読者諸氏にはいかがであろうか。

日本海側諸港においては、船移出は風浪のおさまる三月（新暦四月）に始まる。置き米率は来船のある直前に決めてもいいものだが、早く決めたというのは、すでに米価の高騰が始まっていて、町衆の納得を早く得る必要があったことを示すのかもしれない。どんなふうに置き米率は決定されるのか、前著でもいろいろな史料に探ったが、明確に記す史料はなかった。考えられる決定経路は、こうである。

町全体の一日なり一か月間のコメ消費量は判っているから、予想高値に見当をつけ、それが続く期間も見当をつけ、半年なら半年間の総米量と総費用を導き出す。高騰前の安値でその米量を仕入れるに必要な総米費との差額を割り出し、それが移出予定の米総量の何％に相当するか割り出し、それを総合的に勘案し、定める――。

集まった十四人は、それぞれ有している情報や経験値を出し合い、「拾石につき二百目」と決定したわけだが、置き米をかぶってもらう船主の了解が必要なことは言うまでもない。藩の雇い船の船主はもちろん、昨年秋の出来米を買い付けて当港に預け置き、今春取りに来るという船主もいるだろうし、当港を毎年訪ねてくれる船主もいよう。そんな遠方の船々には手紙で相談、十四人のうち誰かは、その反応を背負ってこの席へ出ているであろう。「船宿」とよばれる各港に存在する商人たちがこれら一連の捌きの要にあって活躍すると思われる。彼らなら取引のある船主たちの商いについて忖度することができるから。

終段の「米高下により損銀これあり候は、除け置き候銀高に応じ配当つかまつるべく候」も重要である。米移出がすすめば米価はさらに変動、在町人に売る安値との差損は増えるだろうが、除け置かれるのは正月に決められた「拾石につき二百目」の銀（あるいは米）。米商たちには事後、移出量に応じてそれを配当するが、あとは各自で始末をつけるように、の意であろう。

置き米の負担は船主に丸投げされるが、米商にも安値の付け方しだい、高値の続く期間しだいで、置き米では損金を補填しきれない可能性があり、その損金は引き受けなければならないことを示唆する文章だ。そんなリスクのあることは町衆にも見えているだろう。船主だけでなく当町の米商もリスクを覚悟している——そうと知って町衆は、自分のリスクを少し感じながらも仕法に身をゆだねる気持になり、「移出待った」の声をひとまず飲む。船主と米商と町衆、この三者に連帯感が生まれるはずである。「三方一両損」という落語のように、三者が少しずつリスクを負って互いを認め合う——。

米産地を背に持つ港はほかにもたくさんあり、滑川港に入ると「置き米」をとられるとなれば、ほかの港へ向かう船主が出てくるだろう。客足が遠のくリスクがありながら、この仕法の実施に踏み切るためには、当港町の米移出がよほど大量となる見込みと、騒動につながる切迫的な状況が必要である。先述した「猟師たちの不穏」と「再度の大坂廻米」は十分な理由といえよう。置き米仕法を実施して、町衆たちの不穏の気がうまく抑えられ、高騰を続ける米を移出できると分かれば、他港に模倣が出るだろう。港間競争がありながら、米価高騰という非常時を通して、港と港の連帯が育まれ、横並びの一斉置き米となり、加えて一斉「津止め」を行なうことによって米価鎮静を重心におく仕法へ進んだものと思われる。

置き米仕法が持続したことを伝える当地の記録はようやく明治初期に至ってである。仕法が活きて運用されていることを伝える江戸期の記録は、越中と交易の盛んな隣国の越後である。ほとんどの港町がこの置き米仕法を採用し、明治期まで運用されていた。このことをもって、越中の港町でも活用されていたと史料の見付からない現状、推察するほかない。

「安値飯米の確保」という目標を第一に制定されたとみられる当港町の置き米仕法。単純な仕法に見えるが、現実世界において大問題を止揚してくれるのは、いつも、問題の一部をときほぐす小さな切り口であると教えられる。町衆と船主、米商と町衆、米商と船主の二者対立を、町衆を軸とした三方一両損の関係に作り変えるダイナミズムに、筆者は感嘆する。

二百年後、一九一八（大正七）年の米騒動時、魚津町の女性たちが相当な騒ぎとなったのを見計らい、日ごろきちんと対応してくれる米屋に駆け込んで、「そろそろ、あれを」と頼み込み、店主が「わかった」と置き米仕法の発動について、米を持ち出す船主たちと話し合いに入ることに応じるというシーンが出てくる。[*5] 置き米仕法の経験を積む「おババたち」は港町のどこを押せば何が動くか知り抜いている。「米を外に出すな」「米をどこへ売ろうと米屋の勝手だ」と言い合い、動きの取れなくなった港に「船主」というもう一方の当事者を引っ張り出すタイミングを見計らい、仲介人となる米商店主と話し合いに及ぶのである。仕法が創始されたこの享保二年時から女性たちが参画していたことは疑いのない所と思う。店主は後に「米騒動があれくらいでおさまったのは置き米仕法のお陰」と回顧している。

二〇〇六年、フランスが率先して始めた「航空券連帯税」は「米」を「乗客」に置き換えた、置き米仕法そのものである。米を買う人と米を売る人の対立、二項対立はそのままでは動きの取れないものだが、売買の仲立ち者を巻き込んで三角対立の形にし、止揚の糸口を見つけるシステム。哲学的な命題をこのダイナミズムに見てとるのは筆者だけではないであろう。

＊1　高瀬保「加賀藩の米価表」一九八〇年

＊2　北陸タイムス・昭和二（一九二七）年一月一日「付録第三　過去三百年間の米価の変遷」

＊3　『寺泊町史・資料編2』一九九〇年刊、勝山敏一『女一揆の誕生』一一七頁

＊4　「改作旧記」享保二年正月九日「他国出米津出締之儀従御算用場厳重に被申触候。就夫浦方津出迠不限他領米高値ニ候故、密々米相漏候様ニ彼場へ相聞へ候間、此度急度縮可申付由申来候条、面々得其意漏物改人且又他領境村々肝煎・組合頭等へ急度申渡縮り可仕候…」とある。

＊5　大正七年の魚津米騒動時のことを、浜多米穀店主が後年語った「米騒動の回顧」と題した一文に出てくる。勝山敏一『女一揆の誕生』36〜37頁に掲載。

三章　明治維新後の仕法の行方

置き米仕法を禁じられる

町衆の生存のための仕法、置き米仕法・宿続き銀仕法・二重俵賃除け銭仕法の三つについて、先述した。明治維新を経てそれらがどのように展開したのか、新川郡を中心に見てみよう。

新川郡は加賀藩領であったが、射水郡・砺波郡・富山藩領の婦負郡、これらともども越中全域を一つにして新川県という名前で置県された。明治五（一八七二）年三月、その県庁が富山城下町でなく、新川郡魚津町で開庁したからである。

最初に史料に現れるのは、明治六年七月三十日の新川県の達し[*1]でモラル・エコノミーに関係のあるものだ。

「管内の米商ら、米穀を輸出するの時に当たり、市中の小民もって、近日米価の騰貴なるは全く商估の米穀を濫出するに由るとなし、往々その場に至り出津などを抑止し、ついに不法の挙に及ぶ者あり。これ大いに世の経済に暗き者と謂うべし」

前年、租税を米ではなく貨幣で納めさせるという大変革をしたので、県庁は貨幣の流通を諮り、米商の輸出などの経済行為を奨励擁護しなければならなくなっていた。出津を抑止しついには不法の挙におよぶ「小民」らの運動烈化を止める必要が出てきたのである。

「それ物価の高低は一時自然の勢いにして一低一高の常ならざるは、かえって金貨の融通を開くに足る故に、米穀高ければすなわち諸物工銭もまた随って下低す」

物価が高下することは、貨幣の融通を広げるもので、米価が高くなると諸物の加工銭は低下するという。立ち上がって運動に走り回る女房連に向かって、自由主義経済の利点を説くようだが、理解できるものはいるだろうか。

「これ各人の共に歴試するところにして、已に去年のごときは管内の米価殊に下低し、今日に比すればほとんどその半ばなり。しこうして今日の米価をもってこれを明治初年、旧県未だ輸出の禁を解かざる前に較すればその価また半ばに過ぎず。この由、これを観ずれば、米価の騰貴は輸出の禁を解くに関せざる明らかなり」

昨年から米商たちに米穀輸出を自由にさせてきたが、物価は低いままであり、米穀輸出を自由にさせていなかった明治初年の物価と比べても半分の低さになっているではないか、米移出と物価騰貴は関係がない――という理屈のようだ。しかし、一年単位の物価高低と、米移出時の一時の物価騰貴を同列にするのは欺瞞である。

「今より以降、商估ら米穀輸出の時に当たり猥りにこれを抑止するなどの挙動に及ぶべからず。もしこれを犯す者あらば、厳科に処せんと」

これまで加賀藩や富山藩は、町衆の打ちこわしを伴う米騒動に対し、すぐに止めに入るなどはしてこなかった。人々が支配者に代わって懲罰を与える、代執行のように見なしていたからと思われる。しかし、明治になって、米移出阻止の運動は明確に禁じられるに至った。この達しは、新川県庁が富山市に移る三か月前、まだ魚津町にあった時期に出されている。魚津町や新川郡の諸港町で昨年以来、米騒動が激化しつつあることを示唆するものだ。

達しの五か月後（太陽暦に変換のため十二月一か月が無くなった）一八七四（明治七）年四月、魚津町の米商一同から県庁に一つの願書[*2]が出される。ここに置き米仕法・宿続銀仕法の二つが現れるので、逐条的に紹介しよう。

「　貧民救助心附の義につき願い

従前ご管下郡方村々には囲い穀金の法方これあり、魚津町方には宿用金の法方あい立てありそうらえども、近年凶作、後々薄くにあいなり候段、承知つかまつり、追々増し方の法則、私どもに至るまで心配まかりありそうらえども、ほか心附きの義もござなく候」

村々には囲い穀金の仕法があり、町には宿用金の法があるという。どちらも近年の凶作で遣われて備えが薄くなったが、増やす方法は心附かないと述べる。

「当浦より商米輸出の節、百石につき一石宛て、その時々御金をもって貧民救助のため、当分私ども右商業利益の内をもって指し出し申したくござ候間、町用米懸かり戸長にて取り扱い、区会所にて取締りなされおきくだされ候わば、畢竟、一廉《ひとかど》の救助にもあいなるべくと存じ奉り候」

移出米の内から百石につき一石ずつ、そのお金を私ども米商が提供する、貧民救助の方法として一廉の救助になるのではと心附いたので、許可してほしいという。米移出そのものは自由になっているので許可は不要なのだが、貧民救助というパフォーマンスを町衆に見せる必要があるのであろう。また、一石ずつ当浦に「置く」というのではなく、それに相当するお金を私たちが「当分」負担して貧民救助に差し出すという。置き米仕法として、船主に米を置いてもらうのは関税と見られ、県庁に止められると分かっているからである。置き米仕法は民間による勝手な関税であるという理由でもって新潟港などで既に禁ぜられている。そのことを承知する魚津の米商たちである。

「左そうらえば、何とぞ前願いの次第、お許しなしくだされ候よう、この段、連印者願い上げ奉り候。以上」

連印者は「大久保与兵衛」以下、全十名。ここには魚津町随一の米商・山澤長九郎の名も入っている。この文書は山澤家に残っていたもの。宛先は富山県知事に当たる「権令山田秀典」。この後、これに賛同して「全く下方の為筋《ためすじ》に存じ」と奥書をした「区長」「副区長」の別紙がつき、県庁の朱書きの返答が付いている。

「書面大久保与平ほか九人商米輸出の節、米百石につき一石宛て、右十人利益金の内より窮民救助方へ差し出したき願いの趣、聞き届け候。もっとも、右をもって隠に各種の名義につき候買い人にて助成金取り受け候義、決してあいならず候事」

聞き届けたというが、県庁もこの願書に隠れた意図のあることに気づいている。「隠（ひそか）に」買い人から「助成金」を請けることがあってはならない、それは置き米仕法と変わらぬと釘をさすのである。県庁の返答は「明治七年四月三十日」。その前日付けで県庁は、置き米仕法禁止の達し[3]を出している。

「管内各港において窮民救助法などと称し、出津の物品に幾分を賦課し、収税に類するものを受収するを禁ず」

　置き米仕法が新潟港で明治二年十二月に禁ぜられたのは、地方官が独断で救恤《きゅうじゅつ》することを禁じるためであったという[4]。また、当地に凶作や戊辰戦争があって米価は高騰しており、二割を超える置き米は、「二割を一割落とすだけで、全国の窮民、一割の安米を食せる道理」、当港町は救われるかもしれないが、遠方の窮民はさらなる高値の米を贖《あがな》わねばならぬ、それは不当という新潟港高官の弁が残る[5]。富山県では置き米仕法を禁じなければ自由経済が成り立たない、租税金納や富国のために商人たちを支えねばならぬ――そういう理由である。

　買い人から助成金はもらわない、米商が負担するという貧民救助願いは明治十三年十月にも、山澤家の史料[6]に出てくる。

「　貧民救助の義につき願い

一金百十円也　　貧民救助金
右は方今、当市内貧民の者ども米価沸騰いたし候につき困難の旨申し立て、市中米商方へ向かい歎き歩行候につき、その景況思像し候ところ、本年の如きは稀なる豊作といえども、頃日在の辺獲り入れ最中につき、出米入らずより米価沸騰候義と存じ奉り候。よって些少の義にそうらえども、前誌金額、今日救助に配当仕りたく存じ奉り候。もっとも、ご規則もござそうらえども、即時至難をあい厭い申したく候間、特別の趣をもってご許容なしくだされたく、この段、願い上げ奉り候」

町の貧民が米商宅を訪ね歩き「歎く」というのだから、「移出を止めて」と頼んで回っている様子が眼に浮かぶ。この願書には先のような「百石につき一石」という文言がないが、「百十円」という額の根拠は、おそらくこれに従うものである。

山澤米商では「千百石」をこれから移出したい、米一石十円（別史料にある米価）としてその百分の一「百十円」を貧民救助に施与する、としたものと思われる。百十円というのはだから十一石の米が買える額で、今日なら五、六十万円という額。インフレに襲われて米価の沸騰する米移出による利益はそれを十分に超えるものと推測されるが、米商にとってそれは多少の痛みを感じる額ではあったと思われる。

新川県庁は山澤長九郎の百十円に続いて、大久保与平が三十五円を申し出たのも受け、「施与方の義」を「聞き届け」ている。魚津町はさっそく貧民「七百五十戸」を選んで、一戸に「十銭」ずつ配分する。総額「七十五円」になるこの額は、米商両氏の施与計「百四十五円」の半分であるが、残り半分は宿用金に組み込まれたのであろう。県令・千坂高雅が両氏に「救助金施与」「奇特につき」と銀杯を授けているから、米商らは買い人から助成を受けず、自己負担で施与したと思われる。

山澤・大久保両氏はモラル・エコノミーに突き動かされる町衆がどれほど恐ろしいかを理解していたということであろう。「移出は止めて」と言葉は哀願調でも、町衆を支えるのは「生存のための経済」であり、根源的な感情、道理である。米商は商いの自由を主張したいところ、ぐっとこらえて町衆を懐柔するほかなかったと見える。

町衆は施与を恥として嫌うというのが江戸期の感覚で、置き米仕法はそれ故に創造された面がある。ここはしかし、施与金の半分が宿用金に入れられたのをみて、従来の安米販売にまで至らずとも受取りを良しとしたのではあるまいか。西南戦争後の十年は超インフレが二回も起こる経済激動期。この魚津町の明治十三（一八八〇）年の貧民救助が「豊作」の村々ではなく町衆に向けてのものであるのを見て分かるように、町暮らしの貧民たちの生存リスクが特別に高まった時期である。自由経済を目指す政府のやり方は、生活苦さえ自己責任とされる傾向を強めていくが、維新となっても暮らしぶりに大きな代わり映えのない在郷町においては、江戸期から続く良き仕法と思われるものはその存続に力を尽くすというのが大方であった。

＊1　『新川県誌稿』（越中史料集成14『旧新川県誌稿・海内果関係文書』桂書房・一九九九年）の「制度部」の項
＊2　山澤家文書7684
＊3　前掲『新川県誌稿』「制度部」
＊4　新潟県の近代史研究者、溝口敏麿は「明治元年から二年にかけて全国的な凶作で、いたるところ窮民救済が求められたが、年貢の減収を恐れる政府は、地方官の独断でそれに応じていくことを禁止せざるを得なかった」という。
＊5　『稿本　新潟縣史　第14巻』平成四年刊・四五九頁
＊6　山澤家文書8686

除け銭の行方

すこし戻って明治九（一八七六）年八月、滑川町と「浦」、隣接四か村の六つが合併して「滑川町」となり、これまで別支配に置かれていた「宿」と「浦」の区別をどう残すかについて議論された。[＊1] その議案の一つが、先述した「除け銭」仕法。宝永七（一七一〇）年に創始された二重俵手間賃除け銭仕法が生きて残っている。

「滑川町ならびに同浦方輸出米賃銭のうち、小前の者ども除け銭の義は、双方、従来通り取り扱い申すべき事」

右の議題に続いて「但し書」がある。当浦はいたって貧浦で従来「輸出米など船積み賃銭の内をもって貧民諸方あい立て、除け銭いたし、毎年暮れに至り分配いたし、浦入費など引き足にいたさせ、これまで取り続き来り」、浦稼ぎと町稼ぎの境界を立ててきたが、合併が成ってこれらの義が手崩れになると、一同難儀「別して不漁の年柄に」は「渇命に及び申す」と、境界をこれまで通り立て、除け銭も続けていくとする。二年後の明治十一年三月十六日、滑川町の各町の「人民衆会」が徳城寺で開かれたようで、その議題十二案について想定問答録[*2]が残っていて、次のような項目がある。

第十一条　輸出米除け銭のこと如何

答　本文の儀は当分貸付方法を設け置き、不日、人民惣代人と協議の上、決定すべきこと

除け銭が相当の蓄積になっているのか、貸付方法を考えようというようである。利殖の方

へ進むのは本来の目的から外れるのではないか、仲仕たちへの分配はどうなっているのか、心配になるけれど、滑川ではこれ以外に記す史料はない。魚津町では、明治三十（一八九七）年の横山源之助「世人の注意を逸する社会の一事実」の一文が内実を詳しく記している。

「輸出米を運搬する人夫（仲仕）の賃銭の中より一石につき二銭ないし三銭の金をとりて、異日、細民の窮し来る場合に備えつつある一方法」

《一石につき》は、人夫が米俵一石を運ぶ賃銭から二銭三銭を除けるという意味だ。どれくらいの運び賃だったのか。一石米価の何％くらいに相当するのか。史料は当地では見つからないので、広島県の史料[*3]を見る。文政元（一八一八）年の港町・尾道で坂のある五百メートルくらいを運ぶ賃「十貫目につき四分」、つまり一石（三十七・五貫目）一匁五分という。当時の広島米は一石五十七・九匁で「一匁五分」はその二・五％くらいにあたる。この比率を富山に当てはめてみる。明治三十年富山米価は一石十・一円といい、その二・五％は約二十五銭と出る。奇しくも宝永期の仕法初めの際も「二・五％」であった。横山氏の記す「二銭三銭」の「除け」は二十五銭の運び賃の一割前後と推測していいのではなかろうか。

少し後の一九一二（大正元）年の滑川町で二キロくらいを運んで浜出しする仲仕の賃金が一石「六銭二厘」という史料[*4]がある。五斗一俵なら二回も二キロを担いで六銭というのは安

昭和十年前後の米を運ぶ女仲仕たち（魚津の浜で＝野沢岩雄氏撮影）

すぎるから、これは荷車に曳く値であろう。当時の米価は一石二〇円だから、運び賃は米価の〇・三％という低率。

ともあれ、賃銭の一部を除けた金は、仲仕らが「窮し来る場合」に用いられる。江戸期における除け銭は、新米が出回り安値になった秋の米を買い置いて、春になって米びつが寂しくなるころそれを提供するという使い方であった。横山氏が報告する救助会の組織立っていることに驚かされる。

「これに従事せる委員三十四名あり。衛生組長四十幾名の中より撰ばれたる者、石数調査係、取立て係、会計係、保管係、検査係に委員を分かち、毎月一回もしくは二回多きは三回集会するを常となす、しかして二十二年より今日に至るまで三千円余の金高集まり、これを整理公債と軍事公債とに換えて保管せらる。」

これほどの組織であれば、すべてがボランティアであるとは考えられず、いくらかの経費は除け銭から支出されると思われる。その事業の中身を知ればさらに驚く。

「従前の例によれば冬に入れば薪炭の価にわかに騰がりて十貫目四十銭の物、六十銭となり、七十銭となり、柴一把七厘八厘の物、一銭七八厘となりて細民を苦しめること甚だし。これ商人らが細民に薪炭の用意なき虚に乗じて争うて村落に赴き、一時にこれを買い占め、米よりも火の欲しき冬季に入れば、おもむろに高価をもって細民に応ずるに由る。しかるに救助の組織成りて、商人らにこの事あるを聞けば、救助会は薪炭を贖い置き、廉価にて細民に与え、もしくは無代にて給与するをもって以前の如く商人らの買い占めほとんど消滅するに至れり」

仲仕たちのために薪炭の共同購入がなされている。「この組織成りて」というから、この事業は明治期に入って始まったように聞こえるが、江戸期から米の共同購入が行なわれてきたことを考えれば、明治以前からと考えた方がいいかもしれない。救助会がいつ出来たのか、事業内容など、詳しいことが分れば、生活協同組合の歴史はその彩りを変えるかもしれない。

横山氏は続ける。除け銭仕法に異を唱えるものがいて、その一人は米商らである、と。

「名義は運搬夫の賃銭の中より幾分を徴収すると言うも、米商らが人足に支払う賃銭に影響あること必然なれば彼らがこれを廃せんことを努むるまた宜なり。且つ貿易は自由ならざるべからず。ほしいままに海関税に類する一種の金銭を輸出米に課するは、すなわち貿易の自由を妨げ地方精算の発達を妨げるものと主張して、今日と言えども異議ふんぷんたり」

米商らは一昨年には「我らが人足に支払う賃銭に影響ある」と書を送って仕法を廃せんと要望してきたが、委員たちは「輸出米より取るにあらずして、仲仕の賃銭より一部を割いて拠出せしむるもの」と拒絶したという。米商らが仲仕たちを慮らなくなっている。変わったのは米穀商たちである。何故なのか。先述したように山澤氏ら移出商は政府から置き米仕法を禁ぜられたので、移出阻止を訴える貧民たちを宥めるために自腹を切らねばならなくなった。仲仕たちの、いや彼らの女房たちが主導する米騒動が明治の諸改革で頻繁に起こるようになったためと思わないでいられない。

隣り町の滑川における除け銭仕法について驚くような記事が地元新聞に載っている。横山氏の「世人の注意を逸する社会の一事実」と題するルポタージュは明治三十（一八九七）年『国民の友』三月号から五月号に掲載されたが、その二月二十四日、彼が驚き共感した「救助会」が「退治された」と、地元新聞『北陸政報』が次のように載せている。

●滑川のあまみ屋退治

「中新川郡滑川町にては従来あまみ屋と称して、米穀及び諸荷物の倉入出そのほか汽船及び艀舟の荷積みなどに従事する人夫の賃金を中間に立って貨主より受取り、その内五割もしくは六割の上前を甘くも取りて自分らの物とし、残余の金をもって労役人夫に分配するが如き悪慣習流行するより、該労役人らは常にその非道を憤慨し、いかにもしてこれが悪習を矯正せんと計画おさおさ怠りなきも、何とも矯正せんに良き途とてはなく、無念を堪え今日まで従事し来りしが、今度同地の青年有志はいかにもこれを気の毒に思い、特にかかる悪習慣の流行するは町の名誉にも関わることとし、遂にあまみ屋退治を計り、交渉尽力の結果、目下かくのごときことをなす者一人もなきに至り、労役人を始め、同町実業家一同も大いに喜び居るといえり」

《人夫の賃金を中間に立って貨主より受取》るといえば、横山氏がルポした「救助会」以外に考えられない。横山氏の書き方によれば、魚津町では仲仕賃金の一割くらいを除けるボランティア組織であるが、滑川においては賃金の「五割から六割」の上前をとる「あまみ屋」と称する組織になっていた——これはもう少し他史料も見る必要があろう。

『滑川町誌』には以下のように記されている。[*5] 御蔵から米を浜出しする者らには二派の親分がいた、一方は消防組頭であった加藤重吉、一方は廻送業や銀行家たちが結成した滑川仲仕合資会社。明治二十九年、仲仕たちを一人営業者とみなして営業税一円を課すかどうかを巡って暴力を伴う二派の抗争となった、「数日の紛議を重ねてついに」加藤派が敗北したとある。新聞記事の「あまみ屋」はおそらく加藤派を指す。大正元年で「男女百二三十人」という仲仕たちの団体はその後も離合集散していくとあるが、救助会の働きが残ったかどうかは記していない。町誌には「滑川港仲仕組賃金表」が載り、その末尾、荷主に対して「当組取扱いの運賃はすべて当日支払いを受けるものとす」とある。大正元年にはたして救助会の働きは残されていただろうか…。

　魚津町で除け銭仕法が大いなる組織として続けられたのは、旅宿を営み、衛生委員を勤める「小川伝之丞」という人物のおかげが大きいようである。明治二十三（一八九〇）年五月二十日『富山日報』に次のような記事が載っている。

「●貧民の待草臥《くたびれ》　去月同町会は共有金をもって貧民救助の件を議決し、両三日間救助を施せしところ、貧民惣代とも覚しき者二三十名ばかり役場へ押し寄せ、目下我々貧民を救助なしくださるる段ありがたきことなるが、何とぞその金をもって正米を買い置き、他日新古米代謝の際に救助あらんこと願いたし。その代わり、目今の困難救助は町内富裕家の施与を仰ぎたき所存にて、我々どもの親分小川殿からの指図に従い、まかり出でたりと強願せし…」

小川氏がなぜ貧民の親分と言われるのか。考えられる背景は次のようなものである。

江戸後期から「無宿」「博徒」「浪人」とよばれる一群の人たちがどの地方にも徘徊するようになり、道中で病気をしたといっては村の家に厄介になろうとするので、村々では迷惑千万、いくらかおカネを包んで「十年間はこの村に立ち入らない」などいう約束を書かせ、保証人を求める。彼らはもちろん身元を引き受ける者はいないので、自分のよく泊まる宿の主人の印判をもらってくる――こんなことで旅宿の主人は浪人たちの身元引受人のような存在「親分」になるということらしい。浪人たちは、仲仕などの日用仕事を貧民たちと共にする機会が多く、親密圏を形成する。彼らは食い扶持に事欠くことが多く、町の富裕層が善意で運用する「除け銭」仕法の恩恵を受けることもある。小川伝之丞は旅宿主として貧民たちの世話役的存在からしだいに侠客的な存在に変わっていく――そう考えられる。このことに関連するかもしれない、横山氏の次のような文章を紹介しておく。

「細民の弱を憐れんですなわち救助の方法成れるものあらずして、細民が体面を失いて恥辱を失うに騒ぎけるに、詮術つき、万止むを得ずしてこの方法を取れるに至りたるもののごとしといえども…」

仲仕たちが窮した頃に除け米を提供する、という仕法がなぜ生まれたか。江戸期の最初は、春になると米びつが空になって難儀する仲仕たちを「憐れんで」要らぬお節介の形で「末々過分の助成になり申す」と始めたのではなかったか。

いや、そうではない、《憐れんでではなく》《恥辱を失うに騒ぎける》《万止むを得ずして取れるに至りたる》という横山氏の説明は、理解が難しいところである。横山氏は彼らの中に浪人やアウトロー的な人々が混じっていること、先の滑川港の仲仕たちのように抗争を生みかねない組織となっていることを、このように表現したのかもしれない。

仕法を創案した浦や町の肝煎たちは米穀移出にいずれも関連のある商いをしていて、仲士たちといわば連帯する意気を持ち合わせていたから用いられた仕法である。横山氏が某々から聞いた話が真実なら、仲仕たちの気持ちに変化があったとしか考えられない。

除け銭仕法は明治三十年代をもって終焉する町と、米穀商と仲仕たちは連帯を守り、宿用金と並立してさらに運用を続ける町とに分かれたようである。資本主義という自由競争の激化は止められないものになっていく。

筆者は前著において、この除け銭仕法の存在を江戸期に遡っては確かめていなかった。米商らが反対の理由に「海関税のごとき」と記すように、置き米や除け銭は誤解されやすく、横山氏は港の関係者を忖度して偽装して記したのであると書いた。間違いでした。お詫びを申し上げます。

米騒動は新川郡では明治期以降、頻発し、置き米仕法が「生存のための経済」として頼られていく。一九一八（大正七）年、東西水橋町・滑川町・魚津町で起こって全国米騒動の火付け役となった米騒動は、置き米仕法を伴った最後の騒動であった。

＊1　『滑川市史　史料編』五〇三頁、「明治九年（一八七六）八月　宿浦合併につき定約証（写）」

＊2　『滑川市史　史料編』四三八頁、「明治十一年（一八七八）三月　滑川各町人民衆会に際し答議事書上につき回答依頼書」

＊3　森下徹『近世都市の労働社会』二〇一四年、尾道の仲仕賃金史料は二一三頁に紹介がある。森下氏は一九九頁では次のように記す。「仲仕は、荷役独占を共同で実現する仲間を遅くとも一八世紀初めまでに随所で形成していた」「用具の所有やそれと結びついた熟練とは無縁な仲仕にとって、固定的な取引関係を維持することはそもそも困難なことであって、たえず外部からの参入の脅威にさらされていたはずである。そうした仲仕が地位を独占するためには、生活の共同性から発した町からの庇護をまつしかなく、そのことが町に仲仕仲間が従属し、包摂されるという関係を生み出したのではないか」と。滑川町で宝永七年に生まれた除け銭仕法は、しかし、二重俵という熟練を要する作業を仲仕たちが提案したことを契機として町の庇護を得るに至っている。新川郡における仲仕たちの地位は他より強固になったとは言えるのだろう。

＊4　『滑川町誌　下巻』一九一三年、三八四～五頁。

＊5　『滑川町誌　下巻』一九一三年、三八〇～三頁。

＊6　下新川郡入善町の小林愛忠氏の研究によれば、入善町旧家に「浪人」に関する何枚かの古文書が残るという。

「　書残申一札之事

一　この度、池田茂三郎之儀、病気にて御世話にあいなり、友朋一統見舞いかたわら罷り出で候ても、一宿之儀はあいなり申さず候。万一立越し候ても外へ立越し申すべく候。よって一札つかまつり候処件のごとし

嘉永四年亥正月六日

三浦兼三郎　花押

池田政右衛門　花押

新川郡荒俣村　御役人衆中様　」

浪人とみられる者が「病気」と称して村に宿泊して世話になったが、仲間たちが見舞いと称して村へやってきても一宿もしない、万一来ても外へ行くようにすると、荒俣村の役人に「一札」を入れたことが分かる。次の文書はさらに具体的である。

「　覚

一　壱貫八百文　丁銭也

右之通り鳥目たしかに借用つかまつり候ところ実証にござ候。しかる上は当七月より来七月までは仲間一統一人も立ち入り申すまじく候。もし一人にても立ち入りそうらえば右の鳥目ご返済申すべく候。後日のためよって件のごとし

嘉永五年午子七月二十六日

仲間一統

図山清兵衛　花押

小川吉之進　花押

森田尤之助　花押

村方　御役人衆中様　」

借用とあるが、一年間は村に立ち入らないことへの謝礼のようなものであろう。一人六百文。「浪人仲間一統」と花押を記す嘉永六年のものも同じような文言なので、小林氏は「村人は看病にかかった費用を貸したことにして浪人の立ち入りを防ぎ、村を守りたかったのではないか」とされる。ここには旅籠人の奥書などは見受けられないが、徘徊浪人問題を研究する川田純之氏によれば、関東方面では「宿　清兵衛」などの奥書のつく「覚」があり、浪人たちの受けた仕切り料「金一分二朱」から「金一分」を宿が受け取っている別書もあるところから、宿屋が彼らの常宿を引き受け、村方への保証人になっていることを推察されている（「徘徊する浪人による契約の展開とその限界」『栃木県立文書館　研究紀要』11号・二〇〇七年）。

宿続き銀仕法の行く末

新川郡の浦方・宿方の貧民たちに毎日一文の拠出をさせ、それをプールした中から彼ら自身が無担保・低利で借りられるように仕組んだ「宿続き銀仕法」は嘉永期も続いていたことは先述した。幕末の慶応期について記す明治二（一八六九）年十二月史料[*1]を見てみよう。新川郡十村の「柚木権十郎」が加賀藩「租税局」に宿続き御貸し米の決算を報告している。

「　覚

一　三百石　　慶応元年三日市村宿続き御貸し米高
内八十九石五斗三升八合　同年暮れ御収納米一石につき二十五貫文のところ二十三貫に小前の者ども居屋敷収納米に売り渡し候
この代　二千五十九貫三百七十四文
百二十石　翌寅年六月七日在所難渋人どもへ値安につかまつり、石二十三貫文宛てに売り渡し申し候
この代　二千七百六十貫文
九十石四斗六升二合　同九月ふけ米にあい成り生地村嶋倉屋伊右衛門方へ石二十二貫三百文に売り払い申し候
この代　二千十七貫三百文
米全三百石
銭合　六千八百三十六貫六百七十七文」

お貸し米「三百石」のうち「八十九石」を小前の者たちに二貫文も安く売った、翌慶応二年六月には「在所難渋人ども」に「百二十石」を安値で売った、九月に「ふけ米」(欠け米のことか)になった残りを、生地村の島倉屋に石「二十二貫三百文」で売った、という。前に見た宿続きお貸し米は、半分は皆に無料分配し、残り半分は誰かに貸してその利子でもって

長い年賦に当てていくという遣い方であったが、今はおそらく根金が細くなっていて半分を無料分配という訳にいかず、値安米として貧しい者たちに全量を売り払い、貸し出しできる現銀をつくったというのであろう。この三つの売却代金を合わせると「六千八百三十六貫余」になるが、ここからさらに返済せねばならない借財もある。

「このうち六百三十貫文　高岡錦屋五兵衛方より宿用方借財仕法につき利足用捨、元金九十両代返済」

基金が少なくなって商人に貯銀を頼んだ時期があったのであろう。諸物価が狂騰した幕末、頭振り人たちの拝借申し込みが殺到して基金不足になったかと想像される。

高岡「錦屋」はどんな人物か。『高岡の町々と屋号』[*2]を見ると、「錦屋五兵衛」ではなく「綿屋五兵衛」という人物がいる。天保九（一八三八）年や安政五（一八五八）年の、それぞれ飢饉や地震の災害に際し、冥加金や寄付を行った中級商人として出ている。商いはその屋号「綿屋」から推測して「綿問屋」であろう。

三日市は全戸三百軒のうち百軒が綿屋という木綿の町[*3]である。綿屋は原綿を仕入れると、種子をとり除き、打ち綿をしてほぐした綿を村々にかつぎ回って女性たちの紡糸、機織り仕事に卸すが、出来た綿織物と次の打ち綿を交換していくので、綿替え屋とも呼ばれた。彼ら

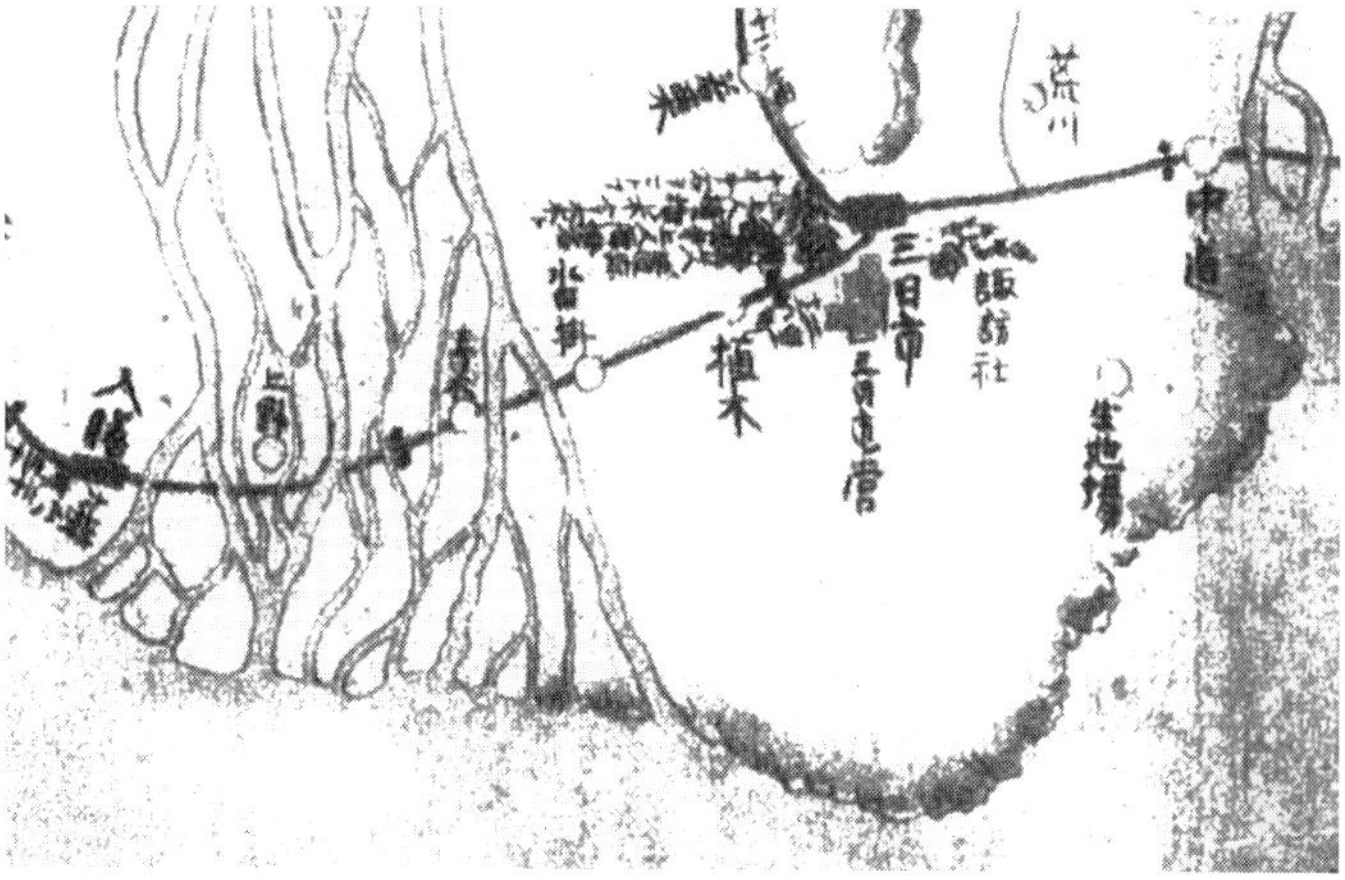

宝暦二年「日本志　北陸部　越中国地図」より

は原綿を高岡の綿問屋か東岩瀬町の馬場家から仕入れており、取引のあったのが「綿屋五兵衛」なのであろう。彼は三日市で綿問屋として大成功した「米屋吉十郎」[*4]らとも取引があって（これらの史料はこの米屋＝本多家に残った）、利足なしと知りながら町民たちとの連帯感から持ち金を町へ貸したと思われる。

町の人々は「綿屋五兵衛」の働きについて忘れないし、これから商機があれば彼につないでやろうという気持ちをもつ。五兵衛は、商機にあやかりたい気もあろうが、収支の帳尻をゆるくしてお金が漏れていくよう仕向けたのかもしれない。「損して得を取る」そんな商人もいたのである。お金に気持ちを込めるという体験は多くの人の経験するところ。

なお、綿替え屋の中には、宿続き銀から元手を借りて綿屋として独立を為したものもいたと思われる。資力がなくて原綿を一梱の半分を仕入れる綿屋が多数いたと『三日市町誌』にある。原綿一梱（約二十三キログラム）は六貫二百文、銀百匁（約一・七両）くらいだから、半梱の銀五十匁が精いっぱいの仕入れという人々が懸命に生きていたと分かる。

続いて次のような支払いが記される。

「七十貫文　在所又吉郎、死退につき家代、宿用方へ預かり金十両代返済」

三日市村の又吉郎という者が死去した。「家代」は家賃か。一文積みなどの貯銀から家賃を差し引いて十両を親族に返済したというのであろうか。最後に次の支払いが記される。

「三百四十五貫文　右歎願方につき役人ども出府造用」

「右の歎願」という言い草は、お貸し米が「宿続き」として出されるにはかなり説得が必要であることを教える。かんたんに仕法の許可は出ないとしても、金沢城への出張旅費が五十両にものぼるのはどうしたことか。実はこの明治二年は不作で、七月には滑川町で「打ち壊し」が起こり、十月に新川郡一帯の百姓を巻き込んだ一揆「ばんどり騒動」が起こっていた。浦田正吉氏[*5]の『侠客と一揆』『ある新田才許の自叙伝』を参照すると、民衆の突き上げにあって十村役をはじめ町や村の役人たち大勢が金沢城に嘆願に出ており、藩の対応は大わらわであって返答に時を要したと推測され、宿泊費が嵩んだものと思われる。
返済や経費を引いた残額が「五千七百三十貫余」と計上した後、「但し」書きがあり、苦しい台所事情が記されている。

「近年、宿方造用あい嵩み、全く打ち割りいたし難きにつき、在所清吉・六郎兵衛らより借財方うち重なり、三千貫文余調達の分ござそうらえども、組才許にて段々ご詮議の上、右借財それぞれ返済候ては、毎年二十石あて返上の出道もこれなく、□□□致し方もこれなく、且つまた格別お貸し米の□詮もあい立ち申さず趣、段々お諭□□清吉ら調達の分は先ず居すへに致し置き、右残り銭宿用成立のため返上方手当てに残し、元利積み立て置き候義に会得つかまつり、それぞれ貸付にあい□居候」

新川郡十村「柚木権十郎」の宿用金仕法の決算書は明治二（一八六九）年暮れのもの。「打ち割り致しがたき」は、限られた金をどこにどう振り分けるか難しいという意味だ。村の清吉ら二人から三千貫文（四百五十両余）も借財をしてやっと回している、彼らへ返済すれば藩への毎年の返上米が出せなくなる、借財返済は待ってもらうことにして残り銭は「宿用成立」のために使おうといった内容。組才許人はこれら難渋人の取り救い方や申し分を調べた上、「残らずお取立て」になった、認められたと記す。

出てくる「清吉」はおそらく三日市の島屋清吉である。新川木綿が盛んになったのは文化年間（一八〇四〜一八一八）隣国信州の松本商人に手拭や足袋の裏地として売り込みが成功したためと言われ、その最初の取引を行った人物、「宿方肝煎」であった。明治十八（一八八五）年に国の農商務省から表彰を受け、その文面に「郡民をして織物の業に就かしめんと欲し、あるいは機筬を分与し、あるいは綿花を供給し」とある。綿問屋として成功して八百石の大地主となっていた。

決算書は続いて「元利のうち年々返上米引□　残し銭高　六千二百二貫文余」、そのうち「二千六十七貫文」は次のように使ったとする。

「当年米価高値にて下々極難渋に落ち入りそうらえども、救い方願い聞くにつき致し方これなくは取施方いたし申し候」

「取施方」は施与の意味だろう。二千六十七貫文、つまり三百両くらいは極難渋人に施与したという。慶応期から明治初め、新川木綿は魚津二十三万反、三日市二十七万反、生地十八万反、入善十六万反、泊二十一万反と、滑川や上市などを含めると、年に百五十万反という日本一、二位の生産量であった。町の景気は良いのだが、糸紬ぎや機織り賃は低額[*6]で、町の

「下々」は米価高騰に対して無力であったようだ。残り「四千百三十五貫文」（六百両弱）は次のように使ったという。

「当年前代未聞の凶作にて、下々畑・居屋敷のご収納いたし兼ねるにつき、着物類など引き当てに預かり、貸し渡し申し候」

明治二年は新川郡も大凶作。一文銭の積み重ねのない下々には「質」として着物を出させて、年貢の地代分は貸してやった、という。但し書きがつく。

「来たる午秋（明治三年秋）、右引き当て預かり□（着物か）請け出し、銭高残らず郡治局お預かり方、願い奉りたく候」

貧民救済として「質」を請け出すので目いっぱい、残り銀は少なく、宿用仕法はもう運用が不可能であるから、郡治局に引き取ってもらいたいというのである。新川郡の宿方・浦方の人々が当時、どれほどの困難に遭遇していたか。明治三（一八七〇）年二月、困窮した滑川浦方の「一万千五百貫文」拝借の願書[*7]が残るので、その概要を見ておく。

「猟舟百十五艘に一艘につき百貫文宛て」借りたいという。百貫文は十四両くらいだから、百十五艘で千六百両余の拝借願いである。「去春以来米穀など比類の高貴にあいなり一炉極難にせまり、その上、昨年以来不漁至極にて当時日用の運びもしかね、日々の飯米代に追いせまり」という暮らし、「朽ち損じ」た「猟舟弁網職などの仕入れのため、無利息十五か年賦をもって拝借銭」を去冬から願い上げてきたが、かなわなかった、それでも米穀の値は高騰していくので「人々所持の具類など日々の飯米代に替え」、「猟場網統の義も数カ所うち捨て」、「日夜人多く私どもまであい歎く」ので「幾重にも申し諭す」が聞き入れず、「押し立てあい願い」に至っていると悲鳴のような歎願である。

「宿続き」の文言はないが、「拝借銭」を「無利息十五か年賦で」という書き方、「浦方組合頭」ら九名が「新川郡当分才許」の「得能三右衛門」に宛てたものであり、宿続銀仕法を頼っているとしていい。なお、この明治二年の大凶作に対しては、藩の救恤は新川郡だけでなく、藩内全域から求められたため、藩は苦慮する。その様子は倉田守氏の論文に詳しいので参照されたい(「加賀藩末期における貧民救済」『富山史壇』二四号)。

先の拝借願いの結果は不明であるが、仕法は魚津町では生き残った。『魚津町誌』(明治四十三年刊)に次の記載[*8]がある。

「宿用銀の制、廃藩と共に本町に引き継ぎ、明治二年、宿用銀永潤方において精算を遂げたる書付を左に記す。

覚

一　六千二百六十五貫二百文　馬借人へお預け高　本勘帳の表
うち八十貫文　辰四月　五十井屋次郎助・松倉屋市右エ門・佐渡屋儀兵衛らへ元引き上げ、その節、付属いたし置き候につき、よってお伺い申し上げ候こと
残して六千百八十貫二百文　根金　（以下略）」

この後のことは、明治十三（一八八〇）年一月八日から七日間、魚津町の三十ヶ町が初めて連合町会を開いて、今後の「共同事業」について協議決定、その議案説明書に出てくる。四号議案の冒頭[*9]をみてもらいたい。

一、魚津町古来共有宿用金蓄積並びに支払い方法の事
金　六千七百九十九円十六銭六厘九毛　明治十二年一月現在
但し中分以上分限人に見込み預け、並びに年賦貸付学校振替など、現金はわずかな高あり。
宿続銀のことについて、以下、第一款から八款まで箇条書があり、今後の運用の仕方について決めている。元禄十一年に始まり、途中で条文を替えながら続いてきた規則と思われるので、要約文で紹介しておく。

第一款　該金取扱主者は、毎年二月割替えした中分以上見込み分限者から五名を選ぶ。年給六円、聯合会にて協議し、決定の上、翌年二月まで運用に当たる。
第二款　旧来の分限見込み法によって中分以上の者は、等級に応じた貯銀を義務として課し、利子は根金に組み込んでもらう。臨時入用の時はすみやかに引き上げ可能とする。
第三款　預け金利子は一か月百分の一、貸付は一か月百分の一歩二。
第四款　取扱主者は現金を三百円は備えおく。
第五款　消防費は該金の内をもって支弁する。
第六款　共有地より受領の金額は本金に蓄積し、諸費は本金の内から支払う。
第七款　当町の物産、漁業不漁の節、諸網仕入れなど当町一同の利益に関する産業の取り開き方などにつき、借用の申し込みがあれば会議に付すこと。
第八款　預け金の内、貧民救助として一か年金百五十一円二十銭、会議決定の上、支弁する。

最後の貧民救助については、六号議案[*10]で再度、次のように提案されている。

「米二十一石六斗　金屋町ほか二十九カ町のうち、極貧民おおよそ人数二十名とし一か年分。老若男女平均一名一日三合ばかり。この金百五十一円二十銭　一石につき金七円ばかり」

四号議案の「議案説明」では仕法の由来を述べている。

「宿用金原由たるや、往古市街の分限上等の者より多少の金を積み合わせ根金とし、なかんずく当町限り融通銭札を中分以上の者に差し出され、等級に応じ、義務として利子を取立て、原金に積み畳み、また諸営業の内より除け金などの方法を設けしものとす。」

分限上等の者（富裕者）が根金を積んだと記す。「元禄十一年」の創始の時は「藩の五十貫目」が根金であったが、二回目以降の一文積み再開においては富裕層が根金の大半を負担したのであろう。また、当町限り融通の「銭札」で借りてもらった「中分以上の者」からその借り利子を取り、根金に組み込むという。馬借銀を継いだ宿用金は、「町方の慥かなる者に貸与して、相当の利殖を講」ずる仕法であった。町のトップの者は高利の貸付を引き受けることになっていた。中分以上の者と併せて、彼らはそれをずっと長い年月続けてきた。底固い連帯がずっと保たれてきたのは何ゆえであろう。

十二号議案は少し意外である。当浦の漁業人は「慶応二（一八六六）年七月」より「捕魚代価のうち百分の一を除け、非常手当として宿用金方へ結込みに」してきたが、「明治十一年十一月」猟師より中止の申し出があり、猟魚代価の除け金は中止したという。元来、宿続き銀仕法は「宿」と「浦」の頭振りを対象にした。浦の人たちは未曽有の「米価高騰」となった慶応二年時、捕魚の百分の一をもって仕法の恩沢にあずかろうと「非常手当」をしたというようである。では、それまで浦人は仕法から除外されていたのか。日銭一文銭の積み立てに参加できなかった時期があったのか。その答えは今のところ史料には見つからない。除け金を中止した漁師たちだが、宿用金の適用対象としてはあり続けると思われる。

その「蓄積」根金額が「六千七百円余」という。先の明治十二年決算の金額と同じ。四号「議案説明」の続きはこうだ。

「目下好否にかかわらず、該金を中分以上分限者は義務として預け、毎年元利精算し備え置きて、貧民救助、凶年におよぶなど非常の諸費はもちろん、宿万雑を一時振替え、またあい嵩むを補助し、あるいは産物の盛衰に関し、根金払い切りに至らんとする時あるも、当時再三適宜をもって継積し、宿用金と称し来たる所の旧法により、即今便宜を加え、さらに蓄積するものは蓄積し、また支弁するの方法を設け、永続を欲望す」

毎年、元利を精算してその利子は非常時の諸費や宿万雑（町内会費）の補助、産物支援に当ててきた、根金がなくなる寸前までいったことがあるが、何とか「継ぎ積んで」しのいできたので、今後も永続させたいという。この明治十二年の後、宿用金仕法の史料は市町村史に見当たらなくなる。

新川郡で一般人に金を貸してくれるのは質屋のほかはこの宿用金だけであった。明治九（一八七六）年十月、当時石川県とされていた当地に県の条例により「義倉」が二ヶ所に設けられた。地所を持つ者はその地価五円ごとに千分の二を、持たぬ者は一銭を差し出すこととされた。三年後に条例が変わり、貯えられた金穀の三分の二は非常用に、三分の一は農家や漁夫商家に貸し付け、六か月以内に返済という金融用に利用されることとなった。宿続き銀創設の時のような仕組みである。魚津町や滑川町では宿用金と併用されていくが、新川郡の他の町村では宿用金の運用が維新時の米価高騰によって困難となり、それに代わる金融機関として存在していくのであろう。

翌明治十三（一八八〇）年、貸金会社が新川県に出てくる。魚津町には二年後の明治十五（一八八二）年、「久栄社」という金融機関が設置される。これらはもちろん担保をとる貸付で、義倉は年賦五か年まで、月百分の六（年七割二分）という高利であった。小作人たちは収穫米を担保にできたが、借り受け者の多くは旧肝煎や地主・上層農民であったようだ。ただし、義倉には「窮民救助金」や「貧民粥焚出し」もあるから、宿用金仕法を失った新川郡各地では頼られたことと思われる。

ここで考えねばならないのは、義倉から無担保・低利の貸し付けが消えたことだ。江戸期のグラミン銀行たる宿用金仕法が見込んだのは、たんなる一時的な貧民の救助ではない。貧民への無担保・低利の貸付は、一時の救済施与よりも社会を豊かにし、活性化すると明確に見込まれていた。それは、為政者から被治者に対し差し伸べられた連帯の手とさえ呼べる見込みであった。宿用金仕法から義倉へ乗り換えさせた為政者は、その連帯の手を引っ込めたことになる。無担保で借りられることがどれほど切実な貧民たちの欲求であることか。貧民たちは稼ぎへの手がかりである元手さえあれば、いくらでも自立していく能動性を有している。宿用金仕法の存続を県や郡が支援していくことは、仕法自身の根金は残っているし、財源不足をかこつ地方政府でも十分に可能であった。そのことに為政者は気づいていたのか、いないのか。

東島誠『〈つながり〉の精神史』[*11]によれば、明治七年（一八七四）暮れ、明治政府最初の「恤救規則」が済貧恤窮は「人民相互の情誼によってその方法を設くべき」と冒頭に謳って公布されたが、「東京日日新聞」の福地桜痴はただちに反論、政府が「租税の公金をもって」窮民を救うことを批判、「余裕ある人民の手にてこれを済恤すべし。これ、人民の義務なり」としたといい、この議論は明治十四年に至って、末広鉄腸の「貧民救助を慈善者に任すに不都合三つあり」という論と、肥塚龍の「貧困は個人の責任である」という論の、党派的対立に発展、明治二十三年の第一回帝国議会に政府が提出した「窮民救助法案」に至っては、救貧は「人民相互の情誼」によるべしとの意見に呑まれて廃案になっているという。この議論の流れが地方にも影響を与えたのに違いない。公金をもって救貧していくことに地域でもブレーキがかかったと思われる。

すべての貧困者（障碍者を含む）を自立した労働者に仕向けることは難しく、それより「すべての人に無条件でベーシックインカム（基礎収入）を贈与」する方が社会は早くよくなる――そうかもしれないが、いくらかの人が自立していく姿というものは、どんな世でも諦めかけている人々に希望を与えるであろう。自立というのは何もかも自己責任として負っていくということではなく、縦や横の連帯に応えて手を伸ばし、何かに向かって歩き出すことなのだから。その故にこの仕法は細々ながら長く続いたと思われる。「お金は天下の回りもの」という、その天下が無際限に広げられて、地域中心主義は切り捨てられた。強権・中央集権的に変貌した国家は、非常時の救済だけを残し、すべては自己責任という社会に押し込めていったというほかない。

明治十八（一八八五）年十二月二十二日、下新川郡長が「本年は各地方とも不景気を現出し、貧民はいよいよ困窮の至極」との書き出しで、魚津町・関口彦三氏（米仲買人）の提案した「貧民授業」なる救済法を町村へ諭達――「中越新聞」はそう伝えている。その「手続き概則」は以下のようだ。

「一　貧民救育のため藁工業を授け、その製品販路を北海道に開き、傍ら地方の一物産を興さ

んとす
一　製筵の器具を借用せんと欲する者は該町村総代・勧業委員の紹介により貸し渡すべし
一　製筵の手続きを習わんと欲する者あれば、町村総代等の申報により伝授人をして巡回せしむることあるべし
一　北海道需要のニシン筵を製造せんと欲する者は、その見本を貸し渡すべし（以下、十四項まであるが略す）」

手元金がなく担保もない者でも、製筵の器具を借り、技術を習って業を起こすチャンスが与えられる。提案者の関口氏は貧民たちの真に望むものを知っていたというべきである。「製品代価はその原料に当たる藁若干と工賃に当たる現金若干とを取り混ぜ、製品と引き換えこれを渡す」というから、販路の心配はしなくていいし、「貸与の器具代を漸次に償却し、私有物となすこと」もできる。下新川郡長代理・中谷隆風が「せいぜい世話いたすべし」と町村に推奨している。北海道向けの製筵業は該地でニシン大豊漁が続いた明治前半、全県的に普及したようで、明治二十七年に創設される貧民収容施設「慈斎院」でも、藁縄を編む手仕事を収容者に与えている。

明治十九年には県が「備荒儲蓄法」を施行する。「政府の配付金」に「人民の公儲金」つまり課税の形で人民から集めた金を加えたもので非常時の救助金を用意する仕法である。

明治二十二年、市制・町村制の施行により、戸長役場を管轄区域とした義倉は解消され、基金は各町村に分配された。貧民救助を主目的とした公の金融機関が消滅したのである。各町村でそれを代替する仕法の必要があったと思われる。

魚津町では折からの米価高騰を受け、町民が大規模な米騒動を起こしたため、「貧民救助規定」を議決する。宿続銀仕法の基本の一つ「貧民救助」を受け継ぐ内容である。これ以降、その記録が途絶えるのを見れば、宿用金はここで解散され、その根金などは町の財産に組み込まれたと思われる。「貧民救助規定」全文[*12]を読みやすく直したもので紹介しよう。

第一条　本町住民中、極貧にして左の各項に該当し、親戚故旧などにおいて資けること能わざる者は、この規定によりこれを救助す

第一　廃疾疾病に罹るか又は老衰（七十年以上）幼者（十三年未満）にて産業を営む能わざるもの

第二　風震水火雪潰の変災に罹り生計の途なきもの

第二条　前条の救助第一はその事故の存する間、本人および家人に食料を給し、第二は罹災の現状により軽災は日数二十日以内、重災は三十日以内、戸主および家族に食料を給与す

第三条　救助を乞わんと欲する者はその事情を詳記したる願書に近隣両名保証書を副え、当

庁に願い出すべし
ただし、第一条第二に係る救助願いに保証書を要せず
第四条　当庁において救助願いを受理したるときは、吏員を派出してその実況を調査せしめ、
願意至当と認めるときは左の割をもって食料を給与す
年齢十五年未満一人一日　　金一銭五厘
年齢十五年以上七十年未満同上　金二銭五厘
年齢七十年以上同上　　　　金二銭
第五条　受救者にして他に救助を受くるの途を得たるときは救助を止め、あるいは救助の割合を減ずることあるべし
第六条　第一条第一に該当する救助はすでに許可したる後といえども、施経上の都合により会議の議決をもってその許可を取り消すことあるべし
第七条　本町内へ移住し来りたる後、未だ一ヶ年に満たざる者は救助する限りに非ず
第八条　第三条の保証人たるを得べきものは、満二十年以上の男子たる戸主にして、満二年以来、本町内に住居を占むるものに限るべし

この規定に基づき、翌明治二十三（一八九〇）年、「貧民救助方法」が議決され、最初の貧民救助がなされている。

一　救助すべきものは町会の議決により、町税を免除せしものに限る
一　救助は左の区分により白米を施与し、来る五日より隔日施行す
一　十五年以上七十年未満は二日分一人三合
一　十五年未満七十年以上は二日分一人一合五勺
一　救助は旧義倉財産中より貧民救助の目的をもって下付する金額および山澤長九郎ほか七名より客年十二月まで寄付したる金額その他志篤者より寄付する金穀を併せてこれに充つるものとす
　ただし、篤志者より金穀寄付方願い出るときは、議会の定認を経ず、町長これを許可するものとす

明治廿三年六月三日　　　魚津町長　五十嵐久造

この方法規定が説明する救助金の財源は、義倉財産金と「山澤長九郎ほか七名よりの寄付したる金額」とされる。後者は移出米商たちが仕込んだ「置き米」仕法による金穀と推測される。この中に宿用金仕法の金穀も含まれる可能性はある。

除け銭仕法については、それを担った「救助会」が一九二七（昭和二）年まで存続し、同年、魚津町に「二千六円余」を寄付したのを最後に解散したという。麻柄一志氏の研究で分

かったことである。宝永七（一七一〇）年から存続した「世人の注意を逸する社会の一事実」であった。その終焉の文章[*14]は次のようだ。

「右金員は明治二十二年米価騰貴に際し、貧民救助の目的をもって当時町内篤志者の寄付を受け、これを蓄積して必要に応じそれぞれ救済を実施し、その目的の一端を達成し来りたるところ。爾来、時代の推移に伴い、しだいにその必要を認めざるに至りしにより、明治四十三年五月、各種公債額面をもって金五千円、また大正元年十月、金一千五百円を、いずれも貧民救助基金として魚津町へ寄付し、その目的の大半を達したるにより、今回これが残額の処分に関し、関係委員の決議をもって前記の金額を左記条件を付し、本町基本財産の方へ寄付いたしたく候条、ご採納あいなりたく、この段、お願いに及び候也

魚津町貧民救助米委員

代表者　五十嵐清吉

朝田新兵衛

高橋三四郎

出沢典吉

木下藤次郎

昭和二年七月五日　橋本米次郎」

町内篤志者の寄付を蓄積してきたといい、「救助米」委員となっていて、二重俵のことはもちろん、除け銭のことは触れられていない。横山源之助氏が聞き書きした「救助会」と別物の感じさえ受けるが、各委員は町の重役たちであり、除け銭仕法を支えたに違いないメンバーである。彼らが貧民に対し連帯姿勢をずっと貫いてきたのは、富裕者としての責務を自らに認めていたからである。讃えられていい。

願い文にある《しだいに必要を認めざるに至りし》とは、倉庫から渚まで、さらに艀に載せて船中まで、仲仕たちの背に担われてきた俵米であるが、荷車や自動車、ウィンチが彼らにとって代わって、「俵担ぎ人」が少なくなり、「貧民救助」の「必要」がなくなった——そういう意味であろう。

ここまで三つの仕法について、その始まりから最後までを見てきた。宿用金仕法は一六九八年～一八九〇年、置き米仕法は一七一七～一九一八年、除け銭仕法は一七一〇～一九二七年。さらに加えて、本書では紹介しなかった常設の「御救い小屋」[*15]は一六七〇～一八七一年。民衆の暮らしを少しでも高い水準で保障しようとする仕法として、中国・ヨーロッパを含めた当時の世界にあっておそらく一つの極点を占めていたのではあるまいか。現代の「連帯経済」の先行事例と考えていいであろう。

加賀藩の新川郡がどんな幸福に包まれていたか、それを記す外国人の観察記はないが、一八六七（慶応三）年八月、能登の七尾開港の可能性を探るため、英国外交官ミットフォードが加賀藩領を旅した記録を含む『ある英国外交官の明治維新』[*16]に、次のようにあるのは参考になるだろう。

「行くところはどこでも、金沢での滞在をあれほど楽しくさせてくれたのとおなじように、思いがけないほど親切に受け入れてくれた。驚きの念を禁じえなかったのは、沿道の村や町が豊かに繁栄していたことだ。人口が二千人の松任や、二千五百人の小松の町を通ったが、加賀候の寛容な統治下にあって、日本の他の地方では見られないほど幸せな生活を送っているようにみえた。」

一八五七（安政四）年から六年にわたって長崎に滞在、日本各地を訪れたオランダのカッテンディーケは次のように言う[*17]。

「この国が幸福であることは、一般に見受けられる繁栄が何よりの証拠である。百姓も日雇い労働者も、皆十分な衣服をまとい、下層民の食事とても、少なくとも長崎では申し分のないものを摂っている」「日本の下層階級は、私の看るところをもってすれば、むしろ世界の何れせられているよりも大きな個人的自由を享有している。そうして彼等の権利は驚くばかり尊重せられていると思う。」

本書で紹介した、二重俵装の引き請けを提案した仲仕頭の言い分がよく町役たちに認められたのが思い起こされよう。同じ安政四年、江戸に向けて下田から旅をした米人ハリスは、神奈川宿を過ぎたあたりの印象として次のように記す。

「彼らは皆よく肥え、身なりもよく、幸福そうである。一見したところ、富者も貧者もいない。―これが恐らく人民の本当の幸福の姿というものだろう。私は時として、日本を開国して外国の影響を受けさせることが、果してこの人々の普遍的な幸福を増進する所以であるかどうか、疑わしくなる。私は質素と正直の黄金時代を、いずれの他の国におけるよりも多く日本において見出す。生命と財産の安全、全般の人々の質素と満足とは、現在の日本の顕著な姿であるように思われる。」

富者と貧者については、一八七三（明治六）年から四十年ほど日本に住んで『日本事物誌』を著したイギリスのチェンバレンは、次のように言っている。

「金持は高ぶらず、貧乏人は卑下しない。……ほんものの平等精神、われわれはみな同じ人間だと心底から信じる心が、社会の隅々まで浸透しているのである。」

まだいくつも証言はある。読者諸氏は眉に唾を付けたくなると一笑されるだろうか。それは事実であったと述べる日本の歴史家がいる。尾藤正英氏は著『江戸時代とはなにか』の中で、徳川期の社会構成原理を「役の体系」としてとらえて説明している。「役」とは「個人もしくは家が負う社会的な義務の全体」であって、身分すなわち職能に伴う「役」の観念にもとづいて社会が組織されることによって、各身分間に共感が成立し、各身分が対等の国家構成員であるという自覚がはぐくまれた――と。先の外国人たちの観察記を紹介する渡辺京二氏はこの尾藤氏の説を紹介した上、次のように述べる。[*18]

「観察者が一様に指摘する民主性や平等なるものは、近代的観念としての民主主義や平等とそのまま合致するものではない。しかし、近代的観念からすれば民主的でも平等でもありえないはずの身分制のうちに、まさに民主的と評せざるをえない気風がはぐくまれ、平等としかいいようのない現実が形づくられたことの意味は深刻かつ重大である。」

筆者にとって、この指摘はたしかに重大であった。身分制社会であるからとか、武威をもって統治された封建社会であるからといって、そこに生まれていたものは現代に参照するに値しないとは決めつけられない──そう教えるものであった。どんな時代のどんな社会組織にどんな心がはぐくまれるのか、それらの多くは解明し得ないものとして史料の中に眠っている。

本書がとりあげた三仕法も見過ごされていたもの。少しだけ明らかになった加賀藩新川郡の人々の暮らし。その心中に存在したのは何であろう。筆者がすぐに想像するのは、英人アーノルドの観察記[*19]の次のような部分である。

「生きていることをあらゆる者にとってできるかぎり快よいものたらしめようとする社会的合意、社会全体にゆきわたる暗黙の合意は、心に悲嘆を抱いているのをけっして見せまいとする習慣、とりわけ自分の悲しみによって人を悲しませることはすまいとする習慣をも合意している。」

人前で涙を見せてはならないという──このような江戸期にはぐくまれた心は、本書で紹介したような工夫によって成り立っていたわけである。民俗学の柳田国男氏は「ウソと子供」という文章の中で「人生を明るく面白くするためには、ウソを欠くべからざるものとさえ考えている者が、昔は多かった」と記している。哲学者の鷲田清一氏はこの柳田国男の文章を引用した後、柳田の次のような話を紹介している。[*20]

「お使いで豆腐屋へ油揚げを買いに行った末の弟が、帰りにその一片を食べ、母親にはネズミに齧られたと言い訳をした時も、母親は〈快くこの幼児にだまされて、彼のいたいけな最初の智慧の冒険を、成功させて遣った〉と。

昔の大人は子どもの他愛のない嘘を「最初の智慧の冒険」として育もうとした、そう柳田氏はいうのである。鷲田氏は「やがて社会を新しく構想することにつながる大切な空想力の芽まで摘まれるのを柳田は憂えた。虚言には、他者への思いやりという意味での話の逸らしやはぐらかしもあることが忘れられるのを悲しんだ」と書いている。思いやりのある社会は連帯感情も大きいはずである。

では、連帯経済とよばれて現代世界の各地に展開を始めている現代システムからも、このような心は生まれ、維持されるであろうか。江戸期の遺産としてなお私たちの中にひそむと思われるものを当てにして、必要な工夫を作り出せば、現代日本に、このような社会的合意を蘇らせることは可能なのではないか、筆者はそう思っている。人が人と連帯したいと願う心は不変であろうから。

加賀藩の他郡において三仕法はなぜ適用されなかったのか。新川郡内で宿と宿、宿と浦など横の連帯はどのようであったか。幕末期に日本一の生産額となる「新川木綿」の隆盛は農家一軒一軒をかつぎ廻る大小の綿替え屋に支えられたものだが、その綿替え屋たちの最初の資金調達や農村の織り機購入資金の調達は宿続き銀によっているのではないか。仕法の中心にいた十村役は貧民多数の融資希望者の中から何を基準に取捨選択を行っていたのか。取り組むべき課題はたくさんあるけれど、本書はここまでをまず報告し、三仕法の存在の意味と現代の連帯経済について感想を少しばかり述べて終わりとしたい。

＊1　『黒部市史　資料編』平成六年刊、467頁。「三日市宿続御貸米三百石被仰付候分　売捌代銭等委細相調理書上申帳」

＊2　『高岡の町々と屋号』第七号、91頁。天保九年十一月廿二日に「高岡町方」で「冥加金」の「見込みこれ有る者」二百七十六人を挙げ、九段にランク付けした「四段」の中に「小馬出町　綿屋五兵衛」が出る。中の上というクラスか。

＊3　『三日市町誌』

＊4　米屋（本多）吉十郎は綿打ち職人十二人を抱える綿屋で、近隣の沓掛村では百二十戸のうち、七割が米屋の下で綿替えを営んでいたという。三日市の木綿値段を左右した存在とされているこの本多家、明治初年代、六年間で計三十一万九千反も販売があり、その一反に二文ずつの口銭を収益としていた。以上は谷本雅之『日本における在来的経済発展と織物業』165頁・名古屋大学出版会・一九九八年からの引用である。谷本氏はこれらを「本多家文書（黒部市史編纂室所蔵の複写版）」をもとに記述されている。

＊5　浦田正吉『侠客と一揆』二〇二二年・自刊、同『ある新田才許の自叙伝』楓工房・二〇一八年

＊6　糸紡ぎや機織り賃は「低額」というより、「原綿」との交換が大方で、谷本雅之『日本における在来的経済発展と織物業』名古屋大学出版会・一九九八年によれば、生産に従事する農家や町家は自家消費分をその原綿をもって賄っていたから、米価が高騰すると町家層は対応できなくなるのが実情と思われる。
＊7　『滑川市史　資料編』四八九頁
＊8　『魚津町誌』一八九頁
＊9　『魚津町誌』五〇七頁
＊10　『魚津町誌』五一二頁
＊11　東島誠『〈つながり〉の精神史』講談社現代新書・二〇一二年。
＊12　麻柄一志・中田尚・朝野幹子「19世紀末の魚津町における貧民救助の制度について」（『魚津市立博物館紀要』第九号・二〇一三年
＊13　前傾書による
＊14　麻柄一志「1917（大正七）年の米騒動に対する魚津町の救済策について」（『魚津市立博物館紀要』第十号・二〇一九年）
＊15　藩の呼び方は「非人小屋」であるが、非人だけを収容するものではなく、災害被害者や困窮者は誰でも救われる常設の施設なので、奉行らも「御救い小屋」と呼び変えるようである。桂書房から丸本由美子『加賀藩救恤考―非人小屋の成立と限界』二〇一六年が出ている。
＊16　ヒュー・コータッツィ『ある英国外交官の明治維新―ミットフォードの回想』一九八六年、中央公論社
＊17　カッテンディーケ、ハリス、チェンバレンの観察記はいずれも渡辺京二『逝きし世の面影』より引用した。
＊18　渡辺京二氏が、尾藤正英『江戸時代とはなにか』一九九二年、岩波書店を引用し、説明するのは同書二三四頁
＊19　アーノルドの文章は前掲書一五〇頁
＊20　鷲田清一「他者を思うウソ」（北陸中日新聞・二〇一八年六月三〇日）

終わりに

柄谷行人氏は著『ニュー・アソシエーショニスト宣言』[*1]の中で、次のように語られる。

「私が交換様式の観点から社会の歴史を考えるもう一つの理由は、近代以前の社会、生産力から見れば未発達の社会にあったものを評価するだけでなく、それをあらためて活かすことができると考えるからです。」

たとえば柳田国男氏が宮崎県の椎葉村焼き畑農民社会に互酬交換Aが活きていることに感銘を受け、そこにある「社会主義」原理を協同組合として回復することが出来るのではないかと考えたように、と柄谷氏は続ける。協同組合は近代資本主義の中で生まれたものだが、そういう言葉がない時代からあったものを回復したものだ—そういわれるのである。

筆者の報告した三仕法から、共通する原理は何か取り上げられるであろうか。宿続き銀仕法は「社倉」をヒントに創案されたようだと本文で記した。先の柳田氏は「社倉」を西洋の協同組合に対応するものとして「再評価」したという。頭振りも富裕者も全員が毎日「一文」を積み立てる宿続き銀仕法は、融資機構（アソシエーション）参加資格を平等にする点で社会主義的である。また、除け銭仕法は、二重俵装者だけではなく、女性を含む米担ぎ人たち一般を共同購入組合の組合員と見なす点で、やはり社会主義的である。そして置き米仕法は、町民に高騰分を現物で再配分するという、消費生活協同組合的な仕組みとして社会主義的である。いずれも協同組合の要素をはらむという点で共通するとしていいだろう。

江戸期の服従と保護の交換様式Bのもとにあっても、高度な自由や平等が実現されたことを認めるなら、商品交換という交換様式Cの隆盛期である現代でも、協同組合を中心とするこれまでにない社会を作り出すことは可能だという柄谷氏の「ＮＡＭ宣言」は、筆者にとって歴史的事実を踏まえた提案と映る。

筆者は三仕法を支えた縦横の「連帯」を現代に回復させるのは不可能に見えていたが、柄谷氏は現在の勝ち組の者も負け組の者も「彼らは子供のころからたたき込まれた中産階級の規範的意識を出られない。彼らは互いに連帯することができないし、闘うこともできない」が、「非資本主義的な経済空間は、勝ち組になるための競争を放棄した人たちによって形成される」と断言される。[*2] 目の前が明るくなる思いである。

協同組合的なる経済は、世界各地で実践されている「連帯経済」の中にもちろん存在する。

日本でも二〇二二年十月に「労働者協同組合法」がようやく施行されるに至っている。労働者自身が出資して立ち上げ、組合員全員が対等な立場で経営に参加し、あらゆることを皆の話し合いで決めていく、民主的な労働の場である。会社員になるしか途のなかった日本でも、新しい労働形態が生まれるはずだ。

スペインでは既に一万八千近い労働者協同組合が多種多様な事業を展開、組合員総数は三十万人を超え、組合員以外に五十万人を雇用しているとレポート[*3]する工藤律子氏は、スペイン・バルセロナ現地の印象的な次のような発言を紹介している。

「建築家や経済専門家、心理カウンセラーなどが構成する協同組合もあれば、教員の協同組合が運営する学校もあります。人のケアの分野でも、病気や障がいのある人、高齢者などへの支援もあれば、娯楽や文化活動を提供する協同組合もある。生まれてから死ぬまでの人生すべてに関わる内容です」

また、これまで未来の経済実践とされてきたベーシック・インカムについても、最近は連帯経済の一つとして考え直されているようだ。研究者・山森亮氏は「連帯経済としてのベーシックインカム」と題する論考の中で、連帯経済とベーシックインカムの関係について、国際援助界隈では老子の「人に魚を渡すより、漁の仕方を教えた方がよい」という喩えを引いて、連帯経済が皆で漁の仕方を工夫し学び合って漁をすることであるのに対し、ベーシックインカムは魚を渡しているだけではないか、と言う向きがあるが、果たしてそうだろうかと問い、結論部で次のように答えている。[*4]

「多くの場合、人びとが魚を手にできないのは漁の仕方を知らないからではなく、漁場が汚染されたり漁の道具を奪われたりしているからだ。連帯経済は、人びとが互いに連帯しながらそうした悪条件を乗り越えている試みだ。そして、ベーシックインカムは魚ではない。漁を可能にするための道具や条件の一つだ。」

まさに宿続き銀仕法は、「頭振り」たちに漁の道具を手にするその資金借入を促したのである。日雇いの人、と簡単に表現するけれど、雨が降れば今日の仕事がなくなるというような人たちに手元金を融資する——これを加賀藩の「仁政」などと表現すればそれを支えた上層・中間・下層の人たちの連帯の内実は消えてしまうであろう。

奇しきことだが、「無担保」の小口融資がコロナ禍対策として「日本政策金融公庫」によって実現している。グラミン銀行より進んだ（？）「無利子」でもある。江戸期は人々に職を与えさえすれば、あとは自己責任として放任するも統治責任は問われなかった。治者にとって重要なのは無職の者に雇用機会を与えたり、起業させることであった。が、現代ではそのことに疑問が呈されている。研究者・本田浩邦氏は論考[*5]の中で次のように指摘する。

「すべての人が雇用を通じて生活の糧を得ねばならないというシステムは、つねに労働供給のプールを作りだす。そのプール内での競争が賃金を押し下げ、労働力を新たな製品分野へと流し込む。もちろん新たな労働のなかには意義ややりがいのある仕事も多くあったが、しばしばその必要の疑わしいものも少なくなかった。人類学者デヴィッド・グレーバーがいう「つまらない仕事ブルシット・ジョブ」である。」

資本主義の発達によって「たんに雇用を維持するだけのためにも、たえず新たな欲望をつくり出さねばならない」ことになり、「場合によっては緊要でないものをも生産し、買い手にその製品の購買が必要であることを信じ込ませようとする」ので、慢性的な供給過多の世界経済となっていった。政府が雇用を創出しすべての人に職を与えるというのは、直接の失業者支援に比べるとあまりなコストを要し、コロナ禍にあっては比較低コストの無担保融資や直接給付が選ばれただけ――無担保・無利子の「ゼロゼロ融資」は臨時的な措置に留まるという見通しであろうか。

新型コロナウイルスによるパンデミックが起こった二〇二〇年、その四月七日、日本の安倍首相は閣議で全国民一律十万円給付を決め、「ウイルスとの闘いを乗り切るためには何より国民のみなさまとの一体感が大切だ」と呼びかけた。多くの国で現金給付は行われたが、全国民一律給付は世界に例がなかった。給付はまるで、遠い未来構想と思われてきた「ベーシックインカム」の予行のようだと一部の人々にささやかれた。もちろん、将来のベーシックインカムにつながるものだと首相は一言も触れなかった。彼は「一体感」という言葉を用いたが、全国民の「連帯」が頼りだと言いたかったに違いない。

密閉・密着・密接の「三密」を避けようという呼びかけも官邸からあり、マスクを掛ける日常がいっせいに始まった。筆者もそれにすぐ従った一人。初めての日、街路に出ると、向こうからもマスク掛けの男性が近づいてきた。その時、何やら強い感慨に打たれたことを思い出す。世界中で日々何千人という死者数が報じられ、生き残らねばという切羽詰まった雰囲気の中にいたからか、「ああ、あの人もウイルスを移さないよう他人を思いやっている」という感であった。政府お仕着せのマスク掛けであったにもかかわらず、その中年の男性と筆者は黙礼を交わした。彼の方も同じ連帯感情の中にいたのだ。このような感情は長いこと味わったことがなかった。その静かな興奮は、全国民一律十万円給付決定を聞いて賛意が心中に湧いた時の感情とよく似ていた。コロナ禍で突然に困窮を強いられた人々に、申請の面倒もなく素早く支援を届けるにはこの全国民一律という形が最速なのだから——多くの人の賛意は、他人を思いやるそんなところに根を持っていたように思われる。

時代により変わらないものはない。「貧困」もそうである。江戸期の日本を訪ねた外国人は、貧乏なようなのに誰もが幸福そうな顔をしている――そんな感想が多い。住むところがあり、食べモノと着るモノさえあれば、生きる張り合いは身の回りにいくらでも見つけられるという人々であった。その食べ物は最小限というわけでなく、充分に摂っていて、家具をほとんど必要としない、着飾ったりしないという貧乏暮らしであった。

現代の貧困は異なる。米が買えないひとり親は五割を超えるという新聞記事を見たのは「二〇二二年一一月一六日」であった。子育てをしているひとり親を支援する団体が、インターネットで八～九月の状況を調査したところ、米などの主食を買えないことが「よくあった」と答えた人は二十一％、「ときどきあった」は三十五％。肉や魚を買えないことがあった人は七十六％、靴や衣類では八十一％だったという。

出費を抑えるための対応は「大人の食事の量や回数を減らした」が六十二％、子どもの靴が小さくなっても我慢させている人が二十二％にのぼっていた。「このままでは親や子どもの心身の健康が悪化してしまう」として、ひとり親所帯への給付金支給をと訴えている。食糧問題は全世界的な対応がなければ解決へと向かわない難題である。

一方に超富裕者がいて、一方に貧困者がいる構図を解消していくには、「連帯税」を地球規模にし、ベーシックインカムを地球に居る全員を対象にするという方向が考えられる。それは不可能ではない。すでに連帯税第一歩は二〇〇六年にフランスで印されている。日本は折からのコロナ禍におびえた日航や全日空の拒否により、国際連帯税の実現に至っていないが、近未来に参入は実現すると思われる。また、日本を含む約一四〇ヶ国で国際課税を議論して新しいルールを決めた「デジタル課税」は、二〇二五年に発効する。国際連合と共同する組織体、金融取引税や国際連帯税など自主財源を持つ国際機関が最終的なゴールになるのではないか。世界議会、世界政府、世界憲法、世界司法裁判所をつくりあげていく過程が、遂に始まる――そんな時代を招来したのがＳＤＧＳとコロナ禍とウクライナ戦争であったのは皮肉と言わねばならないが、まことに人類史の画期である。

＊1　柄谷行人『ニュー・アソシエーショニスト宣言』作品社・二〇二一年、一二八頁

＊2　前掲書、七三頁

＊3工藤律子「ルポ　スペイン「労働者協同組合」の最前線」（『世界』岩波書店・二〇二三年四月号、２４５頁〜。同氏最新刊は『ルポ　つながりの経済を創る―スペイン発「もう一つの世界」への道』岩波書店・二〇二〇年。

＊4　山森亮「連帯経済としてのベーシック・インカム」（『世界』岩波書店・二〇二〇年九月号、90頁〜。同氏には『ベーシック・インカム入門―無条件給付の基本所得を考える』光文社新書・二〇〇九年がある。

＊5　本田浩邦「可視化されたベーシック・インカムの可能性」（『世界』岩波書店・二〇二〇年九月号、１１３頁）

◎史料の原文

（元禄十一年＝一六九八年、正月）宿続銀　初節　仕法之事

覚

一　新川郡宿方・浦方頭振共へ、五拾貫目銀之内商売為続銀貸渡候条、随分商売ニ精出、其利分之内を以貯銀として毎日銭一文宛可除置候、勝手宜かせき銀借請不申者共も、畢竟人々之為ニ候間、毎日銭一文宛貯銀可仕候、銀多少分之内ハ、其所之肝煎毎日取集置、又末々者借請稼仕度与望中者ニ者、右集銭を百文ニ付一ヶ月壱文宛利足ニ而貸渡、可為致商売之事

一　貯銀毎歳十月切元利取立、銀高奉行人へ可相達候、其上ニ而又翌年十月切、月壱歩之利足ニ而、其所之者へ貸渡可為致商売之事

一　為貯銀出銭仕程之者、為稼借請候者借請候者、一ヶ月一歩宛利足を以其分限相応貸渡、可為致商売候、出銭不仕者ニハ、いか様之品ニ而も貸渡候儀仕間敷候事

一　右貯銀他村ゟ借り度与望中者候者、質物を取月壱歩五ノ利足ニ而可貸渡候、勿論何月切約速与受出申儀、相延候ハヾ質屋法之通可仕候、他領之者候ハヾ月壱歩七ノ利足ニ而貸渡可申事

一　貯銀四五年此通ニ而者、宿々之銀高多成可申候条、五貫目満候者、其宿ニ而慥成者一両人右銀子才許人立置、其年之利足一を以給銀与定置可為才許候事
一　宿々貯銀拾貫目満候者出銭ハ相止可申候、右十貫目を以為商売貸渡、其利足銀之内ニ而毎歳其所之役銀等出シ、給銀を以年々貯銀ニ除置可申候、銀高三拾貫目ニおよひ、其後ハ貯銀不及仕、右三拾貫目毎年之利足銀其所之者共致配分助成可仕事
一　貯銀才許人十月切遂勘定候刻、肝煎・与合頭承届、其上ニ而奉行人へ相達、相違無之旨毎歳帳面ニ奉行人ノ印を取可申事
一　故有之、其宿立離レ他村へ引越候者か、又ハ無拠首尾ニ而年々出置候貯銀取返度存念之者以後有之候者、奉行人へ相達、其上ニ而元禄十年ゟ始候間、一ヶ年ノ出銀三百六十文与図り、其内大小閏月不構、本銭何ヶ年分与致算用可相返候、利足銀之分ハ其所之者共可為致助成之事
一　飢人等有之者、右貯銀之利足銀之内肝煎・与合頭見計とらせ、随分入情稼仕候様可申付候、銀子とらせ候者、其砌奉行人へ相達、銀高ニ印を取置、其切手を以右銀才許人へ相達可遂勘定之事
一　右貯銀貸渡、向後宿々駅馬致丈夫ニ、弱馬無之、勿論宿馬数減不申様ニ可仕候、一ヶ月五ノ利足貸可申候事
一　鰥寡孤独之者ニハ、肝煎・与合頭共夫々ニ致見、貯銀之内利足安ク貸渡、昼夜商売ニ随分為出精只暮不申様ニ朝夕可申渡候、為致由断申渡筋承引不仕者有之者、其品奉行人へ可相達候、其分ニ仕置候ハヾ、肝煎・与合頭共可為越度候之事
右之品々其組之十村ハ勿論、廻り口者共委曲致承知、済々可申渡候、向後成立、飢人等無之様勘弁可仕候　以上

戌寅正月

神子田孫七郎
今井源五兵衛

新川郡十村中
御郡宿方・浦方肝煎中

（「新川御郡奉行手帳」加越能文庫・金沢市玉川図書館蔵）

（宝永七年＝一七一〇年、十一月）滑川日用頭役料など願書

乍恐口上書を以御窺申上候

一　滑川入御給人様米旅人共二重俵ニ仕候義ニ付、当夏日用頭共四歩市屋四郎兵衛方へ罷越申候ハ、跡々ゟ私共二重俵四歩宛仕候間、左様ニ仕度旨申候由ニ候得共、跡々ゟ日用頭二重俵仕候と申義、且而無御座候、四郎兵衛方ゟ日用頭骨折分として、銀子又ハ縄俵少々とらせ申候、其刻上濃屋惣四郎申候ハ、日用頭中へ縄俵三歩とらせ被申候様ニも可仕候候哉、肝煎中左様ニ存候旨申候、四郎兵衛申候ハ、左様ニ候者弐歩ハ日用中、弐歩ハ日用頭都合四歩出可申旨申候ニ付、即肝煎中へ相談遂

其通ニ相極申候、然所今般縄俵四歩不残日用頭へ遣申筈ノ由、肝煎中申聞候、日用頭中願上候義も御座候哉、右之仕合難心得奉存候御事

一　滑川町日用頭、先年仕様悪敷候付日用人共迷惑仕ニ付、肝煎中相談人相談仕、日用頭立代両人ニ相極、御用無手間数年相勤申候、則やとわれ申者共不残日用頭ニ罷成、其外下役人多出来仕、日用中殊外難儀仕申候、其上右之者共いたし様不宜候間、立代如先規日用頭両人相立申度奉存候、其上最前相極申候、縄俵之内壱歩五厘ハ日用頭、弐歩五厘ハ日用中助成ニ仕度奉存候御事

一　近年日用人共困窮仕、毎度春中飯米等借用いたし、何角難儀仕候ニ付、今年ゟ右縄俵日用中へとらせ申助成銀預銀ニ仕、唯今下直成米相調、春中飯米ニいたさせ、米等も借り不申、末々過分之助成ニ成申義ニ御座候ニ付、其段日用中へも相きかせ、組合頭中ニ而右之米相調申筈ニ相談仕置申候御事

右申上候通、乍憚御窺被成、私共願之通被仰付可被下候　以上

宝永七年十一月十日

組合頭　四郎兵衛（印）
同　宗四郎（印）
同　三郎兵衛（印）
同　七兵衛（印）
相談人　九郎兵衛（印）
同　九郎右衛門（印）
同　次郎右衛門（印）

黒崎村　三郎兵衛殿

（桐沢奨二氏蔵）

宝暦八年（一七五八）十二月　滑川町困窮につき条々願書

恐れ乍ら書付をもってお断り申上げ候

一　新川郡滑川町駅馬の儀は、先ざきより十三疋は御蔵宿、七疋は百姓あい勤め来り候ところ、三四十年以前、ご給人米高減少つかまつり候につき、右駅馬数あい勤め難き旨お嘆き申し上げられ候ところ、お奉行様お聞き届け遊ばされ、十三疋のうち一疋五歩は町弁散地よりあい勤めさせ、残る駅馬蔵宿中へ仰せ渡され、追ってお米高あい増し候は、右一疋五歩蔵宿へ引き請け申すようにとござそうらえども、その節町中よりお請けつかまつり難き旨、だんだんお断り申上げ候ところ、右駅馬の儀は米増し次第蔵宿へ申し渡す義とござ候につき、是非なく勤め来り候。しかるところ、近年は毎年お米あい増し、ただ今は一万三四千石余納め申すにつき、一疋五歩蔵宿中へお返しくださるべく候。もちろん頭振り式の者、駅馬あい勤め候などと申す儀、余宿にもこれなく候。その上、御蔵宿には近年潤色これあり、家職にまかりなり候ゆえ、ただ今は売買いたすに望み人多くこれあり候。町中困窮つかまつり必至と難儀つかまつり候間、右駅馬お指し除けくださるべく候御事。

一　二十か年以来、町中困窮つかまつり、その上、諸往来無数、右一疋五歩の駅馬勤めかね難渋に及び申すにつき、ご拝借あい願い候ところ、元文二年（一七三七）、駅馬のため米五十石仰せなされるにつき、返上の儀、来る午の年（一七三八）より十五年（一七五三＝宝暦三年）に返済つかまつるべき旨、ありがたく存じ奉り候。右馬駅米その節、割り方つかまつり配当つかまつりべきところ、先年お城銀わずかに指し支え、居屋敷売り払い申す者多くこれあり、もちろんただ今人々難儀つかまつり居り申すところ、末々返上に指し支え候ては難儀の上迷惑に候間、右の米貸付置き、利米をもって返上いたし、年季あい済まし配当つかまつりそうらえば、身上のために相成り候旨、納得の上貸付置き候。併せてもし末に至り難渋及ぶ者これあり候は、利米の内請け取るべき旨示談をもって貸付につかまつり候。その後難儀つかまつる者これあり、肝煎中へ利米の内請け取り申したきとあい向い候ところ、残らず貸し渡し置き候旨申し聞かされ、貪着つかまらず候につき、百姓は持ち高を切り、散地は家売り払い申し候。しからば右馬駅米一石につき二斗一升四合宛て年々御蔵納めつかまつり、宝暦二年（一七五二）の暮れにて年季あい済まし申すにつき、借り人どもより米残らず取立て町中へ配当つかまつる儀に候間、早速蔵納めつかまつるべき旨申し渡され候につき、五石・七石または五斗・三斗の散地の者まであい済まし申し候。もちろん返済つかまつりそうらえば、人々請け取り申す儀あい心得られ候ゆえ、請け道具など質物に入れ御蔵納めつかまつり候ところ、その後、何の沙汰もこれなく、たびたび催促つかまつりそうらえば、追っ付け割符つかまつりあい渡すべくと申し渡され候ところ、今もって埒明き申さず候。肝煎中いかがの了簡にて捨て置かれ候や、心得難く存じ奉り候。もはや去年まで六年の間割り方これなき儀、我がままなる仕方に存じ奉り候間、本来はもちろん二斗一升四合の利米ともに前後二十年の間決算いたし、早速米あい渡し候ように仰せ付けられくださるべく候御事

一　寛延二年（一七四九）十月四日、大波にてお嘆き申し上げ候ところ、二百七十九石余、ご拝借仰せ付けられ候うち、百五石余貸付につかまつり残り配当つかまつり候。返上の儀は、右残し米の利足をもって返済つかまつり候。しかるところ、近年軽き者ども至って難儀つかまつり候につき、右残し米請け取り申したき旨数度あい願い候ゆえ、肝煎中へ右の趣、私ども相談そうらえば、貸付置きこれなき旨申し聞き、その段申し渡しあい定め置き申し候間、これらの儀もござ候間、早速あい渡され候ようきっと仰せ付渡されくださるべく候御事

一　当所二十年以来町困窮つかまつり、諸往来お侍様方御宿も勤め兼ね申すにつき、寛延二年（一七四九）お嘆き申し上げ候ところ、お大切なるお米千五百石、宿続きのためご拝借仰せ付けられ、ありがたく存じ奉り候。しかるところ、家数六百軒余へお米三百二十石、綿屋九郎兵衛・同九郎右衛門・上野屋五郎右衛門へ一石宛て、残り米私ども組々人々配当仰せ付けられ候。残り千百七十石余いずれ借り請け申され候や。もっともその年は千石配当のうち六百七十石余、誰々借り居り申され候や。且つまた、五百石の残し米貸付あい成り申し候。右残し米のうち町並散地などへ百石ばかり借り請け申し候。残り四百石いずれへ貸し付けられ候や。ご存じの通りもはや九年に返済これ

ある米にてござ候間、千百七十石の借り人お改め遊ばされ、筋あい立て申すよう願い奉り候御事

一　千百七十石余のうち、町並散地の者借り申す米、宝暦二年（一七五二）極月廿七日に御郡所より貸し付け置き候米、年切りに元利どもに取立て、春に至り貸し渡すべきと仰せ渡され候旨、なんとも末々軽き者どもゆえ行き当り、つかまつるべき方便もござなく候間、何とぞ来る正月十五日過ぎまでお指し延べくだされ候ように達てあい願い候ところ、厳しく仰せ渡され、その上人々締まり仰せ付けられ、是非なく俄に諸道具など質物に入れ、もちろん白米など入れ替え御蔵納めつかまつり、米百石ばかり、そのほか千七十石共に蔵納めいたさるべきと存じ奉り候。右残し米町中配当仰せ付けられくださるべく候。返上の儀は、人々より取り立て蔵納めいたさせ申すべく候間、ご詮議遊ばされ、早速あい渡り候ように願い奉り候。別して当年は質物にても貸し借りござなく、町中至って難儀つかまつり候につき、当年諸役銀あい勤め得ず候族にござ候ゆえ、先だってお断り申上げ候。且つまた千百七十石の米、年切りに取立て、春に至り貸し渡すべきとござ候ところ、その儀これなく候。宿続き米に候ゆえ、ご旅館綿屋九郎兵衛らへ貸付置かれ候かと存じ奉り候。すなわち右拝借米、石につき二匁二分の造用銀米にて引き落とされ、都合三貫四百目余の掛かり物夥しき様に存じ奉り候。且つまた承りそうらえば、右の米、散地の者どもより蔵納めいたさせられ、役中幷類家はもちろん、贔屓の者、右の米今もって借り延ばし居り申す旨、心得難く存じ奉り候。同才許にて二行きにいたされ候儀、沙汰の限りに存じ奉り候間、これらの儀きっとご詮議仰せ付けられくださるべく候御事

一　先年町中より日銭を出し、月に何ほど宛てと人々出し置き、すなわち貯銀と名を付け、町へ貸付け、ただ今、過分の銀高に相成り申し候。右銀子かように仕置き兼ね、手に合い申さずにつき、割符つかまつり請け取り申すべき旨、相談そうらえば、五三年以前（宝永二年＝一七〇五年）よりたいがい銀高を極め、近年利足銀、配当いたされ受け取り申し候。且つまた取立て料に四百目・五百目宛てあい渡し申す儀、無益銀子にてござ候間、五十目か三十目宛にて十人頭取立て、すなわち帳面などもってお指図あい調え、役人中へ指し上げ申すように願い奉り候。且つまた毎年一歩・二歩宛て本銀入れ立てさせ候につき、難渋つかまつる者、肝煎幷取立人方へ罷り越し、借り申したき旨あい願い候ところ、残らず貸し付け、これなき旨外の者に貸し申されず、贔屓の者までへ貸し渡され候。しかれば町中貯銀、用分にあい立ち申さず候につき、割符つかまつり人々へ配当仰せ付けられ下さるべく候。もちろん不相応の取立て料八の利足に行き届き申さず、町中費えにござ候間、ご詮議の上、配当仰せ付けられ下さるべく候御事一　町中役銀不足過分の銀高にて、去年利足銀も人々あい済まし得ず候につき、宝暦二年（一七五二）右不足銀、年季をもってあい済まさせたき旨、紙面をもってあい願い候ところ、すなわち御郡所へご内意にて窺われ候や。綿屋孫右衛門方に寄合これあるみぎり、私ども罷り出でそうらえば、先だって願いの趣、埒明き申し候。済まし方の儀追って申し談ずべき由、役人中申し渡され、今もって何の沙汰もこれなく候。もっとも当成る町役銀、年々あい済まさせそうらえども、前々不足銀捨て置き申す儀、迷惑に存じ奉り候間、年賦をもってあい済まさせ候ように仰せ付けられ下さるべく候御事

一　先ざきより神明幷山王両社のため修復銀、大町・瀬羽町・荒町散地の者まで少々宛て出し置き候銀子これあるはずにござ候。何方に預け置かれ候や。近年両社共に手入れこれなく社頭大破に及び、神主よりたびたび及断され候えども、捨て置かれ候儀、心得難く存じ奉り候。右銀子割符つかまつり、請け取り申したく存じ奉り候。もっとも修復の儀は町中より毎年割符つかまつり、人々割り方をもって取り集め、損じ申さぬようにつかまつるべく候間、配当仰せ付けられくださるべく候御事

一　町役銀毎年あい増し、下々難儀つかまつり候間、前々の通り同名幷十人頭など五六人宛て割りのみぎり、指し加え候ように、町役人中へ寛延三年（一七四九）申し入れ候ところ、彼これと申され候につき、すなわち書付をもって申し断候ところ、聞き捨てにいたされ、呼び出し申されず候。前々は立ち聞かせ銀五百目・六百目宛て割りの内へ入れ申し候。近年これらに事寄せ、過分に銀子割りへ入れられ候ゆえと存じ奉り候。町中至って難儀つかまつり候につき、重ねて割帳見申すべきと申し入れそうらえば、見させ申す儀なり申さず旨、なおさら心得難く、前々は割り方いたされ候みぎり、同名幷十人頭も罷り出で、すなわち惣入用銀高帳面に記し、都合何ほどとあい極め、役人中右の通り相違これなき旨奥書つかまつり、連判帳面これあるはずにござ候。もっとも今般算用聞き届け役人用立てそうらえども、品多くこれある義ゆえ、あい咎め候儀、行き届き申さず義と存じ奉り候。末々に至り等閑にあいなり候ては、仰せ付けられ候専もござなく候間、十人頭など見利き罷り出で候ように仰せ付けられ候は、末々まで明白にあるべくござと憚りながら存じ奉り候御事

一　先年町肝煎浅井屋久右衛門・松村屋故宗右衛門、浦方肝煎四分市屋甚左衛門あい勤められ候。就中より町浦一集にあい勤められ候ゆえ、ことごとく町中の費えなどこれありそうらえども、その儀に顧みぬ諸事、肝煎中いかがの了見にござ候や。町並の家を浦支配の者に買わせ、諸事役銀・懸かり物など浦棟と申し立て指し除けられ候儀、跡々これなき格にござ候。もちろん上ケ銀など御郡へ仮令五十貫目申し来りそうらえば、三十貫目は滑川へ仰せ渡され候。近年は町中困窮ゆえ漸々二貫目・三貫目ならで仰せ付けられざる候ところ、浦支配と申し立て、上ケ銀割り方つかまつり候ても承知つかまらず候や。指し除けられ候儀心得難く候。しからば浦方へ仰せ渡され候上ケ銀のうち、二百目・三百目宛て他所の手伝いつかまつり候儀、心得難く存じ奉り候。町のためにあいなり申さぬ儀、肝煎中いかがの了見にござ候や。なんとも合点参り申さず候。これに限らず歩小行までまぎらわしき儀これあり候。もちろん浦棟より罷り出で候者ども心得違いつかまつり居り申す様に存じ奉り候間、向後、諸役懸かり物などあい勤め候ようにきっと仰せ渡されくださるべく候。さもこれなくは、東岩瀬・水橋・生地など浦支配の所へ退き申すよう仰せ付けられくださるべく候。町中の障りにあいなり申し候。もっとも居屋敷の儀は町中より買い請け、諸役銀あい勤め候者、指し置き申すようにつかまつりたく存じ奉り候。滑川に居住つかまつる儀にそうらえば、所の手伝いつかまつるべきところ、不心得の族にござ候間、違背つかまつらず候ようにきっと仰せ渡されくださるべく候御事

一　肝煎ら給米十六石にて、この米、惣高幷家数且つまた駅馬などより割り出し取立て申し候。跡々

家数人数あい増しそうらえば、給米あい減り申し候。右十六石のうち五石は馬問屋給米、残り十一石肝煎給米にてござ候。就中右給米にてあい勤め難き旨につき、九石あい増し町の割りに入れ、ただ今は十石宛てにてあい勤められ候。しかるところ、近年家数人数年々過分にあい増し候ところ、前々の通りにて米減らし申さぬ儀、心得難くそうらえども、割り方の通り御蔵納めつかまつり候。この儀お尋ねくださるべく候御事

一　当所馬指し給米五石宛てにてあい勤め来り候ところ、就中御用ク（不足か）由にて、少々手伝い人足指し加え申し候ところ、近年は加え馬指し弁手伝い人過分に書出し申し候ゆえ、五郎右衛門病死つかまつり候みぎり、借り馬指し数月の間立て置き、すなわち町より五六人紙面をもってあい願い候ところ、肝煎中聞き入れ申さず、町中の費えも顧みず沙汰の限りに存じ奉り候。その節、あい願い候趣は、加え馬指し弁手伝い人申し受けず、右五石の給米までにてあい勤め、町へ苦悩申すまじくとあい願い候ところ、肝煎中縁類ゆえ婿養子五郎右衛門に馬問屋あい勤めさせ申し候。ついては加え馬指し弁手伝い人はもちろん一作増しと名付け、過□書出しそうらえども、贔屓をもって詮議なき儀も基通りに割りへ入れ申し候。かようにこれあるゆえ、懸かり物など過分にあい増し、とても町中あい立て難く存じ奉り候間、よろしく仰せ付けられくださるべく候御事

一　当所百姓二升面高持ち二十軒ばかりこれあり候。当年あい当り候お貸し米、いず方にござ候や。この儀、様子もこれある義にござ候間、きっとご詮議遊ばされお尋ねくださるべく候御事

一　宝暦五年（一七五五）の暮れ、東岩瀬・両水橋・高月・生地・滑川・早月谷六か村の者ども至って難儀つかまつり候につき、その段仰せ上げられ候ところ、お救い銀として銀札百貫目仰せ付けられ、すなわち配当のうち、滑川人々へ九貫目余仰せ付けられ候につき、右銀札肝煎方より人々へあい渡し候節、銀高百目につき五匁九分余宛て造用・懸かり物の由にて引き落とされ候ほか、聞き合い候ところ、左様の儀もこれなきところ、お大切なるお救い銀、滑川に限り過分の懸かり物引き取り申され候儀、心得難く存じ奉り候。右割符帳おしらべご詮議願い奉り候。その上、銀札にてお払い米三四度これあり、初めは一石につき百十六匁にて町中へ売り出し申し候。その後、石につき二百四十五匁宛て取立て申され候。この間銀、何方へ請け取り申し候や。岩瀬にて請け申す米に造用と申す儀、心得難く存じ奉り候間、お払い米帳おしらべくださるべく候御事

一　当所米払底のみぎり、在々より預け米所持米などあいしらべ、町飯米不足つかまつりそうらえば、御蔵宿有米高をもって、御郡所へ百石につき二十石または三十石残し米あい願い、値段は金沢相場をもって、米代集まり次第、米主へあい渡し申すように前々仕来り申し候。当年はいかがの儀の候や。へギ座を建て一人に二合・三合宛て売り出し行き届き申さずゆえ、ほか方便をもってあい続き申し候。且つまた五斗一石買い申す者、数度肝煎へあい願いそうらえども、米これなしの旨にて漸々五日・十日にてすなわち米見銀に売り渡され申し候。しかるところ、米主より一か月・二か月延べ買いいたされ候ところ、右の仕合迷惑につかまつり申し候。その上、前々と違い、右残し米指し置き、五十石・百石宛て商いに致され、金沢相場より四匁・五匁高値に売り出し、町中難儀つかまつりそうらえども、舟宿ゆえ旅人の贔屓をもって町中のためならず心得難く存じ奉り候御事

右願い上げ奉り候通り、私ども組々人々あい願い候につき、お断り申上げ候間、箇条書き一か条切りに銀米などご詮議遊ばされ、入り払いお聞き届けくだされ、町へ借り申す銀米など指し引き仰せ付けられ、あい残り候銀米、配当仰せ付けられくださるべく候。宿続き米千七十石余、せんだって百石ばかり取立て米ども、ご詮議遊ばされ町中分限をもって配当仰せ付けられくださるべく候。もっとも返上の儀は、右米高に準じ、九ヶ年の間、きっと御蔵納め致させ申すべく候。且つまた馬駅米もはや二十年に罷り成り候間、二斗一升四合利米ども、早速あい渡し申すようにきっと仰せ渡されくださるべく候。町中難儀つかまつり罷りあり候につき、これらの儀、埒明き申さずそうらえば、当暮れ、役銀はもちろん、宿御用どもあい勤め得ず候につき、せんだってお断り申上げ候。町浦肝煎の儀、先書に申上げ候通り、別々に肝煎お立てくださるべく候。右箇条書きをもって願い奉り候通り、聞し召させされ分、何分にもお慈悲をもって仰せ付けさせられ候ように仰せ上げられくださるべく候。そのため書付をもってこれ願い上げ奉り候。以上

宝暦八年（一七五八）十二月

平四郎（印）　五郎右衛門

六右衛門（印）　五郎三郎（印）

次郎右衛門　与兵衛（印）

八兵衛　文兵衛（印）

太郎兵衛（印）　七郎右衛門

藤兵衛（印）　太郎右衛門（印）
次右衛門　甚三郎
吉右衛門　宗兵衛
八兵衛（印）　甚兵衛
徳右衛門（印）　小右衛門（印）
次郎兵衛（印）　庄三郎
半兵衛（印）　宗五郎
庄九郎　善六（印）
十兵衛（印）　小左衛門
茂兵衛（印）　五三郎（印）
源右衛門（印）　宇右衛門
七郎兵衛

経田村　五郎八殿

（旦尾嘉孝氏蔵）

（『滑川市史　史料編』39～43頁）

あとがき

本文で言い忘れたことがある。第一章で、元禄九年（一六九六）の大飢饉で新川郡に「千四百人」の「逃散」があったことを紹介した。この「逃散」こそ、民衆が連帯していることを示すもの。中世においては、領主に対する要求が受け入れられぬ時に採用される合法的な戦い方の一つであった。民衆は互いに裏切らないことを誓って連署した起請文を燃し、その灰を浮かべた霊水を呑み回す、「一味神水」という儀式を行った上、領主に要求書を提出して交渉、それが通らねば逃散する。一連の作法が筋道だっていれば、領主もそれを咎められなかった。江戸期に入ってそれはいっさい禁止され、他領で自藩の逃散人と分かればその領主に引き渡しを求めることが出来た。新川郡における逃散先は、おそらく越後と思われるが、その人数をすぐに領主側が把握できたのは、彼らの連署した書が藩側にあったゆえかもしれず、逃散という儀式にのっとった集団行為の可能性はある。推測になるが、現・南砺市の山麓地帯には、一味神水の儀式に用いられたという鉢が何十と残っているから、江戸期に入っても連帯の儀式が存在したことは考えられる。

一味神水の鉢（富山県南砺市・西太美神社）

さて、本書にとりあげた三つの経済実践は明治期以降に人々に知られることとなった史実であるが、その起源は不明であった。越中におけるこれは「置き米」に関する文書ではないかと他の方から指摘されたのが発端で、それが越中における起源のものかどうかを判定するべく、その享保二年（一七一七）前後の県内史料集を渉猟。その作業の中で、ほかの二つの古文書を見出したのである。引き寄せてみると、それぞれが明治期のある史実と結びつくことが分かり、起源文書であると確認したが、その持続の長期にわたることに驚いた。小社では先に丸本由美子氏による『加賀藩救恤考』を出しているが、丸本氏のとりあげられた「非人小屋」（本書では「お救い小屋」として出る）とセットになるという位置づけも得られ、下層の人々を救恤するものとして四つは結びついている—そう気づかされた。

それぞれの起源を示す古文書を探り当てたというだけでは上梓の価値は小さいという思いから、下層の民衆に手を差し伸べる時代の「かたち」に目が行ったのは自然であったろう。

しかし、歴史の研究者として訓練を受けていない筆者は、この四仕法を有機的に結びつけられるまで一年を要した。

二〇二〇年九月号の『世界』に載った「連帯経済としてのベーシックインカム」という山森亮氏の論文を読み直したのは二年後の秋であった。連帯経済というテーマに思い当たったのである。初めて目にする言葉であったが、この経済実践の中になら四つを包摂できると思った。一年ほどかけて書き直し、むやみと連帯経済のイメージを打ち重ねた論述と言われかねないものになったけれど、恐懼しながらゲラ状態のものを山森教授にお送りした。イギリスへ長期出張の直前ながら、読んでみようとおっしゃって、ご帰国後、体調を崩されながら巻頭の文章をお送りいただいた。一面識もない、研究者ではない者に対し、まことに得難いご厚意で、衷心よりお礼を申し上げたい。

山森教授には、権力者の介在のない、民衆のみによる経済実践でなければ「連帯経済」とは称せない、宿続き銀仕法を含めて言うなら「社会的連帯経済」という語がふさわしいとご指摘も受けた。帯文にはそのことを記させてもらった。

滑川市立博物館近藤浩二館長には、『滑川市史』の中から「置き米」史料を見つけられ、筆者に提供してくださった。ほかにも、木越隆三氏、尾島志保氏、久保尚文氏には途中段階のものを読んでいただき、貴重なご意見をいただいた。また、池田仁子氏には、元禄三年の金沢大火に関して史料をたくさん提供いただいた。ご厚意に深謝するものである。

筆者の創業した「桂書房」は当年もって四十年。よくここまで維持できたものと思う。何より地方の読者と書店の皆さん方のお陰であり、原稿を持参してくださった方々、研究者の皆様のお陰である。紙上をお借りしてお礼を申し上げます。筆者は八十歳となったが、現在三十代の編集者が桂書房を継いでくださることになっている。もう少し在籍して、歴史の探索にも関わっていこうと思う次第。

二〇二三年十月　公園で栗を拾った日　　筆者

著者　勝山　敏一（かつやま・としいち）

1943年、旧新湊市生まれ。会社勤めや学校職員を経て1983年元旦、桂書房設立。黒田俊雄編『村と戦争』（1988年）、青木新門著『納棺夫日記』（1993年）、山村調査グループ編『村の記憶』（1995年）、秋月煌著『粗朶集』（1996年）など、これまで600点余を出版。著書に『活版師はるかなり』（桂書房・2008年）、『女一揆の誕生』（桂書房・2010年）、『明治・行き当たりレンズ』（桂書房・2015年）、『北陸海に鯨が来た頃』（桂書房・2016年）、共著に『感化院の記憶』（桂書房・2001年）、『おわらの記憶』（桂書房・2013年）がある。

元禄の「グラミン銀行」

──加賀藩「連帯経済」の行方

2023年11月10日 初版発行

定価　2,000円＋税

著　者　　勝山敏一

発行者　　勝山敏一

発行所　　桂　書　房

〒930-0103

富山市北代3683-11

電話 076-434-4600

FAX 076-434-4617

印　刷／モリモト印刷株式会社

 ISBN 978-4-86627-143-9

地方小出版流通センター扱い